인생은 역설의 역설이다

한근태 지음

인생은 역설의 역설이다

당신은 지금의 슬픔에 연연해할 필요가 없습니다

클라우드나인

서문

역설 속에 진리가 있다

지금 와서 생각해보면 난 태생적으로 삐딱한 면이 있다. 누군가의 얘기를 듣고 곧이곧대로 그 말을 믿기보다는 '과연 저 말이 진실일까? 왜 저런 말을 할까? 혹시 다른 뜻이 있는 건 아닐까?'란 의심을 했고 지금도 한다. 심지어 공자님 말씀을 듣고도 그의 말을 의심하면서 분명 다른 뜻이 있을 수 있다고 생각했다. 불경스런 일이지만 태생적으로 그런 특성이 있는 거 같다. 대표적인 것이 공자님이 얘기한 나이별 성숙 단계다. 40에 불혹, 50에 지천명, 60에 이순 같은 말이다. 지금 생각해도 납득이 되지 않는다. 지금 우리와는 전혀 맞지 않는다. 아니, 오히려 반대이다.

나이 마흔은 유혹에 흔들리지 않는 불혹의 나이가 아니다. 오히려 가장 유혹에 쉽게 흔들리는 나이다. 50에는 하늘의 뜻을 안다는 지천명도 이상하다. 그때는 회사를 그만두고 나와 제2의 삶을 살아야 하는데 뭘 해야 좋을지 모르는 막막한 나이다. 지천명과는 반대로 하늘의 뜻을 알고 싶은 나이다. 60에 이순이라고? 무슨 얘길 들어도 귀에 거슬리지 않는다고? 그건 더 말이 안 된다. 무슨 얘길 들어도 화가 나는 나이다. 아직 젊은데 사람들이 꼰대 취급을 하니 별거 아닌 일에도 왕짜증이 나는 나이다. 근데 왜 이런 말씀을 하셨을까? 역설적으로 우리에게 경고하고 싶었던 거 아닐까? 40에는 유혹을 조심하고, 50에는 하늘의 뜻을 물어보고, 60에는 귀에 거슬리는 일이 많으니 화를 내지 말라는 말이다.

이 책은 역설에 관한 책이다. 역설은 글자 그대로 의도와는 반대로 말하는 것이다. 뒤집어 말함으로써 전하고자 하는 걸 명쾌하게 하는 방법이다. 대표는 노자의 『도덕경』이다. 『도덕경』은 역설을 통해 진리를 전달한다. 크게 곧은 것은 굽은 듯하고 최고의 기교는 조금 서툰 듯한 것이란 뜻의 '대직약굴大直若屈 대교약졸大巧若拙'이란 말이 그렇다. 정말 강직한 사람은 약간 굽은 듯 보인다. 강직하지 않은 사람일수록 별거 아닌 일에 고집을 피우고 자기 뜻을 꺾지 않는다. 정말 잘하는 사람은 어리숙해 보인다. 고수는 함부로 나대지 않고 초보자처럼 보인다. 곧은 나무는 먼저 베이고 단 샘이 먼저 마른다는 뜻의 직목선벌直木先伐 감천선갈甘泉先竭이란 말도 역설을 통해 진리를 알려준다. 너무 잘나가던 사람이 일찌감치 아웃되고 오히려 별 볼 일 없던 사람이 뒤늦게 빛을 발하는 걸 보면 이 말은 진리다.

진리는 역설 속에 존재한다. 홍수 때 가장 귀한 것은 생수이고 정보 시대에 가장 찾기 어려운 것은 진짜 정보이다. 아이러니가 아닐 수 없다. 지는 것이 이기는 것이고 밑지는 것이 남는 것이다. 단기적으로 지는 것처럼 보이지만 시간이 흐르면 그런 사람이 잘살게 된다는 말인데 이 역시 역설적이다. 군중 속 고독 역시 역설적이다. 혼자 있을 때는 사실 외롭지 않다. 근데 사람들 속에 있으면서 그들과 섞이지 못할 때 사람은 외로움을 느낀다. 역설은 수많은 속담과 격언 속에서 발견할 수 있다.

"서두르는 것이 낭비이다Haste make waste."란 격언이 있다. 빠른 것이 느린 것이고 돌아가는 길이 사실은 가장 빠른 길이란 말이다. "급할수록 돌아가라."라는 우리 속담과 일맥상통한다. 급하게 일을 하다 오히려 일을 망친 경험이 많은 나 같은 사람에겐 정말 금 같은 말이다. "고요한 물은 깊이 흐른다Still water runs deep"도 역설적 표현이다. 깊은 물일수록 조용하다는 말이다. 우리 속담 "빈 수레가 요란하다."라는 것과 같은 뜻이다. 안이 비어 있는 사람일수록 자기 빈속을 감추기 위해 계속해서 떠든다. 비슷한 것으로 "가방 끈이 길다고 공부 잘하는 건 아니다. 발표내용이 없을수록 장표 숫자는 늘어난다."라는 말이 있다.

최근에 『만들어진 진실』이란 책을 읽었다. 진실을 왜곡하기 쉽기 때문에 곧이곧대로 듣지 말고 늘 의심하고 질문해야 한다는 내용이다. 역설도 그러하다. 역설은 의문과 질문에서 출발한다. 과연 저 말이 사실일까? 혹시 다른 저의가 있는 건 아닐까? 의문을 품어야 한다. 그리고 질문해야 한다. 그리고 역설적으로 표현할 수 있어야 한다. 역설 속에 진리가 있다.

한근태

 차례

서문 역설 속에 진리가 있다 • 4

1장 역설의 미학 • 13

인생의 의미 • 15
혼자 있는 시간 • 19
부재 속 존재 • 23
급할수록 천천히 • 24
이열치열 • 28
극과 극은 통한다 • 29
근거 없는 낙관주의 • 33
디테일의 소중함 • 37
역사학은 미래학이다 • 41
지식의 역설 • 44
풍요의 역설 • 46
고독의 역설 • 50

2장 한계가 디딤돌이다 • 51

즉석 스피치의 역설 • 53
제약의 역설 • 54
부를 이기는 일 • 59
부족함이 경쟁력이다 • 62
무경험도 경험이다 • 66
무대응도 대응이다 • 70
무소유도 소유이다 • 74
알아야 질문한다 • 78
상술의 역설 • 82
손해의 역설 • 85
잠의 역설 • 89
단절의 역설 • 93

3장 반대에 감사하자 • 95

좋은 이별 • 97
궁리에 대하여 • 101
꿈을 조심하라 • 105

실패의 역설 • 110

가장 큰 리스크 • 114

지는 것이 이기는 것이다 • 117

변하지만 변하는 건 없다 • 121

공짜는 공짜가 아니다 • 126

갈등의 역설 • 130

반대의 역설 • 135

이윤의 역설 • 139

꼴통이 스승이다 • 143

4장   이기려 하지 말자 • 147

빈속의 즐거움 • 149

마지막 직업 • 150

더하는 대신 빼라 • 154

준비하면 사라진다 • 158

단점이 장점이 된다 • 161

이타적 이기주의자 • 165

지는 리더가 이기는 리더이다 • 166

할 것과 하지 않을 것 • 168

담이 좋은 이웃을 만든다 • **172**
단호할수록 망가진다 • **176**
확신을 조심하라 • **180**
원칙과 융통성 • **184**
신의 직장의 역설 • **188**

5장 모든 진리는 역설적이다 • 189

창의성의 역설 • **191**
분류의 역설 • **195**
내가 없어도 세상은 돌아간다 • **199**
드러내면 사라진다 • **202**
거꾸로 생각하라 • **206**
건강의 역설 • **210**
결혼의 역설 • **213**
금지를 금지하라 • **217**
나를 죽여야 내가 산다 • **221**
자유의 역설 • **224**
외로움의 역설 • **228**

1장
역설의 미학

인생의 의미

요즘 역설이란 단어에 꽂혀 있다. 대부분의 진리는 역설적이다. 역설적인 말이나 격언은 귀에 쏙 들어온다. 죽음을 생각하고 살면 더 잘살 수 있다. 우리가 잘 못사는 이유는 영원히 살 것처럼 살기 때문이다. 얼마나 맞는 말인가? 직장생활을 잘하기 위해서는 늘 언제 어떤 모습으로 나올지를 생각해야 한다. 직장생활에서 실패하는 이유 중 하나도 영원히 직장생활을 할 것으로 생각하기 때문이 아닐까? 누구나 언젠가는 직장을 나온다. 최근 니체 관련 책을 읽다가 인생의 의미에 대해 생각하게 되었다.

인생에는 어떤 의미가 있을까? 결론부터 얘기하면 의미를 찾지 않을 때 인생의 의미를 알 수 있다. 참으로 역설적이다. 인생의 의미 운운하는 이유는 그만큼 사는 것이 힘들기 때문이다. 인생이 즐거운 사람은 인생의 의미 따윈 물어보지 않는다. 니체는 인간 정신을 3단계로 구분한다. 낙타, 사자, 어린아이가 그것이다. 낙타는 사막에서 무거운 짐을 지고 아무 불만

없이 뚜벅뚜벅 걸어가는 동물이다. 인내와 순종의 대명사이다. 낙타는 사회 가치와 규범을 절대적 진리로 알고 무조건 복종한다. 사자는 한 단계 진일보한다. 기존 가치에 의문을 품고 저항한다. 하지만 새로운 가치를 창조하지는 못한다. 기존 가치와 의미는 무너뜨렸지만 "왜 살아야 하는가?"라는 물음에 대한 답은 없다. 견디기 어려운 상태다. 무기력과 우울한 나날이다. 이를 극복하고 새로운 활력을 회복한 상태를 아이의 정신으로 부른다.

아이들은 삶에 대해 심각하게 생각하지 않는다. 하루하루 인생을 놀이처럼 즐길 뿐이다. "인생이란 무엇인가? 왜 살아야 하는가?" 같은 질문은 던지지 않는다. 우리는 언제 이런 질문을 던질까? 재미가 사라졌지만 계속 놀이를 해야 할 때 이런 질문을 던진다. 인생이 그렇다. 인생이 재미난 놀이로 여겨지는 사람은 이런 질문을 하지 않는다. 삶이란 놀이를 즐길 뿐이다. 삶의 의미를 자꾸 묻는 것은 삶이 재미없기 때문이다. 삶이 무거운 짐으로 느껴졌기 때문이다.

인생의 의미에 대한 물음은 그런 물음이 제기될 필요가 없을 정도로 재미있게 살아갈 때 비로소 해결될 수 있다. 의미에 대한 질문은 어떤 이론적인 답을 통해서도 해결될 수 없다. 그런 물음 자체가 일어나지 않는 상태로 삶을 변화시킬 때만 해결 가능하다. 산을 오를 때 의미를 묻는가? 그렇지 않다. 산이 좋으니까 오르는 것이다. 인생도 그렇다. 행복하기 위해서는 심각한 질문 대신 삶을 즐기는 데 초점을 맞추어야 한다.

「행복」이란 시를 쓴 천상병 시인은 본능적으로 이런 기쁨을 알고 즐긴 사나이다.

나는 세계에서
제일 행복한 사나이다

아내가 찻집을 경영해서
생활의 걱정이 없고
대학을 다녔으니
배움의 부족도 없고
시인이니
명예욕도 충분하고
이쁜 아내니
여자
생각도 없고
아이가 없으니
뒤를 걱정할 필요도 없고 (…중략…)

어린애들을 보라. 끊임없이 웃고, 장난치고, 뛰어다니고, 까불고……. '도대체 뭐가 저렇게 좋을까?' 하는 생각이 든다. 우리 어른들은 어떤가? 너무 심각하다. 입꼬리를 잔뜩 내리고 인상을 쓰고 세상의 모든 고통을 혼자 짊어진 듯하다. 알고 보면 심각한 일이 별로 없는데도 그렇다. 아이들은 어른의 스승이란 말이 있다. 정말 옳은 말이다. 모든 것을 긍정적으로 보는 시각이 아주 좋다. 부인 덕분에 생활비 걱정 없는 것도 애가 없는 것도 행복이다. 막걸리 한 잔에 행복할 수 있다.

우리가 행복하지 못한 것은 세상 때문이 아니고 바로 우리 때문이다. 행복의 적은 너무 많은 욕심이다. 돈만 많으면 행복하다고 생각하는 사람이 있다. 실제는 그렇지 않다. 천 억 이상 재산을 가진 사람 중 수면제 없이 잘 수 있는 사람이 많지 않다. 천석꾼은 천 가지 걱정, 만석꾼은 만 가지 걱정이 있기 때문이다. 천상병 시인처럼 살 수 있다면 하루하루가 행복할 것이다.

혼자 있는 시간

사람은 사회적 동물이다. 사람들 사이에서 존재할 수밖에 없다. 하지만 그럴수록 자기만의 시간이 필요하다. 사람은 혼자 있을 때 성장하기 때문이다. 뭔가를 배우거나 공부하기 위해서는 우선 혼자 있는 시간을 확보해야 한다. 관계에서 벗어나 홀로서기를 해야 한다. 책을 읽을 때도 그렇고 뭔가를 생각할 때도 그렇다. 사람 사이에 있으면서 책을 읽고 사색할 수는 없는 법이다. 근데 혼자가 된다는 건 쉬운 일이 아니다. 필요성을 느끼고 의지가 있어야 한다. 혼자 있는 걸 못 견뎌 하는 사람들이 있다. 시간만 나면 어딘가 전화를 하고 카톡을 보내고 자꾸 약속을 만들고 모여야 안심하는 사람도 많다. 그게 잘사는 것으로 생각한다. 어떤 그룹이든 속하려고 애를 쓰면서 자꾸 그런 모임을 만든다. 과연 그게 바람직할까?

괄목상대刮目相對란 말이 있다. 볼 때마다 상대의 발전된 모습에 놀라 눈을 비비고 다시 보게 된다는 말이다. 괄목상대할 만한 사람이 되기 위해서는 혼자 있을 수 있어야 한다. 그래야 자신을 차분히 돌아볼 수 있다. 이때 가장 필요한 것이 바로 독서이다. 밥을 먹지 않으면 살 수 없고 운동하지 않고는 몸을 만들 수 없듯이 독서 없이 성장하는 것은 불가능하다. 성장을 위해서는 매일 독서해야 하고 손에서 책을 놓지 말아야 한다. 그래야 발전할 수 있다.

괄목상대란 말의 유래 자체가 바로 책이다. 무식했던 여몽이란 사람이 공부하라는 친구의 충고를 받은 후 매일 책을 읽어 오랜만에 만난 사람이 깜짝 놀랐다는 것에서 유래한 것이다. 자신을 변화시키는 데 독서만한 방법은 없다. 지속적으로 독서하는 사람과 하지 않는 사람은 세월이 흐른 후 큰 차이가 난다. 글을 쓰는 것도 좋은 방법이다. 글을 쓰면 나도 모르게 생각이 정리되고 차분해진다. 모두 자기만의 시간을 확보할 때 할 수 있는 일들이다. 책을 읽고 글을 쓰면 좋다는 것을 모르는 사람은 세상에 없다. 하지만 이 쉬운 일을 정작 하는 사람은 별로 없다. 왜 그럴까?

바로 시간 부족 때문이다. 운동을 못하는 것도, 책을 읽지 못하는 것도, 글을 쓰지 못하는 것도 다 시간이 없기 때문이라고 말한다. 그렇다면 언제쯤 시간을 낼 수 있을까? 그런 날이 오기는 올까? 아마 영원히 오지 않을 것이다. 시간을 낼 수 있는 유일한 방법은 우선순위를 바꾸는 것이다. 다른 일을 하고 남는 시간에 운동하고 책을 읽겠다는 생각 이전에 여기에 우선으로 시간을 배정해야 한다. 다음은 의도적으로 혼자만의 시간을 갖는 것이다. 우선순위만큼이나 혼자 있는 시간의 확보가 중요하다. 종일 사람들과 어울리면서 공부할 시간이 없다는 건 말이 되지 않는다. 남산만한 배를 미워하면서 운동할 시간이 없다는 것 역시 그렇다. 애들은 잘 때 자란다고 한다. 어른들은 혼자 있을 때 성장한다고 생각한다. 사람들과 있을 때 배우고 느낀 것을 혼자 있으면서 소화해 자기만의 것으로 만들어야 한다. 그렇기 때문에 같이 있는 시간만큼 혼자만의 시간을 확보해야 한다.

난 사람들과 사귀는 것을 좋아한다. 만나는 시간을 즐긴다. 사람들을 만나 밥을 먹고 근황을 얘기하고 대화를 하는 그 자체가 큰 기쁨이다. 그렇게 같이 있는 시간이 좋긴 하지만 그 시간이 길어지면 힘이 든다. 단체로 어디 여행을 갈 때가 그렇다. 계속 사람들 사이에 있으면 에너지가 고갈되는 느낌이 든다. 주변을 의식해야 하고, 듣고 싶지 않은 얘기도 들어야 하고, 하고 싶지 않은 얘기도 해야만 하기 때문이다. 난 사실 혼자 있는 시간을 더 즐기는 편이다.

그래서 난 빈 시간을 좋아한다. 강의나 약속이 없는 날은 가슴이 설렌다. 이 날을 어떻게 보낼지 혼자 궁리를 많이 한다. 혼자 산에도 올라가고 운동도 하고 영화도 본다. 혼자 밥도 먹고 서점도 들어가고 찻집에 들어가 글도 쓴다. 하늘도 보고 나무도 보고 지나가는 사람들 표정도 살핀다. 세상에 그렇게 홀가분할 수가 없다. 혼자 있다 보면 많은 생각을 하게 된다. 깜빡 잊고 있던 일도 떠오르고 써야 할 글의 소재가 생각나고 보고 싶은 친구 생각도 나고 반성도 하게 되고 미래 계획도 세우게 된다.

분주한 사람들이 있다. 뭐가 그리 바쁜지 옆에 있는 나까지 정신이 없다. 무슨 모임이 그렇게 많은지 마치 국회의원 출마를 앞둔 사람 같다. 바쁜 것과 유능한 것을 동일시하는 사람도 있다. 주중은 주중대로 바쁘고 주말은 어딘가로 꼭 놀러 가야 직성이 풀리는 사람들도 많다. 도대체 가만히 있는 꼴을 보지 못한다. 뭔가 속이 허한 사람들이다. 자신과 진지하게 마주하는 것을 두려워하는 사람들이다. 관계 속으로 도피하려는 사람들이다. 최근 얼마나 자주 혼자만의 시간이 있는가? 혼자만의 시간에 무얼 하는가? 혼자만의 시간을 갖길 권한다. 그때 우리는 성장한다.

부재 속 존재

관계에서 가장 위험한 건 무시이다. 눈앞에 있지만 없는 사람처럼 대하는 걸 뜻한다. 다음은 있는 그대로 대하는 것이다. 다음은 눈앞에는 없지만 실제 있는 것 같은 존재이다. 존재하지 않지만 내 생활에 영향을 미치는 존재가 그렇다. 신이 대표적이다. 신은 보이지 않지만 사실은 있는 것과 같다.

멘토나 스승도 그렇다. 눈앞에는 없지만 늘 그를 의식하면서 생활하게 된다. 돌아가신 장인 어르신이 내겐 그런 존재다. 돌아가셔서 보이지는 않지만 내 삶에 엄연히 존재한다. 좋은 일이 있거나 힘든 일이 있으면 그분 생각이 난다. 부재하지만 존재하는 것이다. 여러분에게 그런 존재가 있는가? 여러분은 어떤 존재가 되고 싶은가?

급할수록 천천히

월급월만越急越慢이란 말이 있다. 급할수록 천천히 가라는 것이다. 영어 격언에도 "서두르는 것이 낭비이다Haste makes waste."라는 말이 있다. 모두 급한 것을 경계하는 말이다. 난 이 말에 전적으로 동의한다. 급하게 차를 몰면 사고 위험이 크다. 무리해서 길을 건너다간 다칠 가능성이 커진다. 일을 무리하게 처리하면 꼭 문제가 생기는 법이다. 늘 출근 시간마다 뛰는 사람들이 있는데 그중 일 잘하는 사람은 별로 없을 거라는 게 내 생각이다. 저렇게 허겁지겁 가서 일을 잘하는 것은 물리적으로 불가능하다. 일을 잘하는 사람은 서두르지 않는다. 뭐든 급한 것은 좋지 않다. 밥도 급하게 먹으면 체하고 근육운동도 천천히 해야 근육이 생긴다. 정말 소중한 것은 다 시간이 걸리기 때문이다. 리더십도 그렇다.

한동안 부지런한지 게으른지, 똑똑한지 멍청한지를 갖고 리더를 구분하는 얘기가 유행한 적이 있다. 똑똑하고 부지런한 리더는 똑부, 똑똑하지만 게으른 리더는 똑게, 멍청하고 부지런한 리더는 멍부, 멍청하지만 게으른 리더는 멍게이다. 거기서 최악은 멍부이다. 멍청한 사람은 가만히 있는 게 도와주는 것이다. 그런데 멍청한 사람이 그 사실을 모르고 부지런하니 조직은 멍들어가는 것이다. 최선은 똑똑하고 게으른 똑게이다. 똑똑한 리더가 부지런하면 아래 있는 사람들이 죽어나기 때문에 똑똑하지만 부지런하지 않고 정말 해야만 하는 일만 하는 리더를 뜻한다. 사람들은 이 말을 듣고는 다들 웃는다. 거기에 자신 혹은 자신이 아는 사람을 대입하기도 한다. 근데 똑게가 되기는 쉽지 않다.

우선, 주제 파악이 어렵다. 멍청한 사람들의 특징 중 하나는 자신이 멍청하다는 사실을 인지하지 못한다는 것이다. 그 사람을 제외한 모두는 그 사람이 멍청하다는 사실을 알지만 정작 본인만 알지 못한다. 직급이 낮을 때는 주제 파악에 대해 걱정할 필요가 없다. 상사의 날카로운 피드백이 있기 때문이다. 문제는 직급이 높을 때이다. 어떻게 이런 사람이 위에 있을 수 있을까? 2세라는 이유로 바로 실장으로 회사에 들어온 사람, 낙하산을 타고 낯선 조직에 들어온 사람, 대기업 브랜드 덕분에 중소기업에서 한 자리를 차지한 사람이 그러하다. 높은 사람에게 낮은 사람들이 솔직한 피드백을 한다는 것은 불가능하다.

리더십의 출발점은 주제 파악이다. 자신이 어떤 사람이란 것에 대한 명확한 그림이 있어야 한다. 자신이 생각하는 자기 모습은 중요하지 않다. 남들 눈에 비친 자신의 객관적인 모습을 볼 수 있어야 한다. 근데 위로 올라갈수록 그게 어렵다. 주변에는 대부분 그에게 잘 보이려는 사람들뿐이다. 솔직하게 이야기할 수 있는 사람은 배우자뿐이지만 이마저 여의치 않을 경우가 많다.

똑게가 어려운 이유 중 하나는 똑똑하다는 것의 정의가 사람마다 다르기 때문이다. 흔히 똑똑하다고 하면 이해타산이 분명한 사람, 자기의견이 분명한 사람, 지는 것을 못 참는 사람, 논쟁에서 늘 이기는 사람, 말을 똑 부러지게 하는 사람 등을 연상한다. 똑똑한 사람이 반드시 일을 잘하는 건 아니다. 좋은 리더가 되는 것도 아니다. 우리 상사는 똑똑하고 아는 게 너~무 많다는 건 똑똑하긴 하지만 그 사람과 일하고 싶지는 않다는 다른 표현이다.

똑게에서의 똑은 똑똑하다는 이미지보다는 스마트한 이미지가 강하다. 아는 게 많은 것보다는 지혜로운 사람에 가깝다. 지장보다는 덕장이다. 똑똑한 사람은 온몸으로 똑똑한 걸 나타내려 한다. 기회만 되면 자신이 아는 걸 떠들면서 사람들이 자신의 유식함에 감탄하길 바란다. 그러다 보면 오버해 나설 자리와 나서지 않을 자리를 구분하지 못한다. 낄 곳 안 낄 곳 가리지 않고 다닌다. 할 말과 하지 말아야 할 말을 다한다. 처신에 문제가 있는 것이다. 처신이란 자기 몸이 있어야 할 자리를 구분하는 능력이다.

게으른 것에 대한 정의도 새롭게 내려야 한다. 여기에서 게으른 것은 물리적인 게으름 혹은 태생적인 게으름과 구분해야 한다. 여기서 게으름은 의도된 게으름이다. 온갖 해외 출장을 혼자 다 다니느라 자기 일을 제대로 하지 못하는 상사를 모신 적이 있다. 비즈니스 출장뿐 아니라 각종 전시회까지 혼자 다 다녔다. 덕분에 그는 아는 게 많았고 비행기 한 번 타본 적 없는 우리들은 그의 눈에 차지 않았다. 우리는 그 상사를 참으로 부지런하다고 칭송했지만 사실은 경멸했다. 그게 진정한 부지런함일까? 여기에서 게으름이란 자신이 할 수도 있지만 부하직원에게 기회를 주는 것이다. 단기적으로 답답해도 부하의 성장을 위해 참고 기다려주는 것이다.

좋은 리더란 자신의 역할에 충실한 사람이다. 그게 핵심이다. 이를 위해서는 미친 듯이 돌아다니는 대신 차분히 혼자만의 시간을 가질 수 있어야 한다. 그리고 스스로에게 질문해야 한다. 내 역할은 무엇인가? 혹시 부하직원의 일을 대신하고 있는 건 아닌가? 하지 말아야 할 일을 하는 건 아닌가? 쓸데없는 일에 에너지를 쓰고 있는 건 아닌가? 결론은 명확하다. 리더가 너무 바쁘다면 뭔가 문제가 있다는 사실이다.

이열치열

냉면은 겨울 음식이다. 추울 때 차가운 냉면이라니. 잘 어울리지 않는다고 생각하지만 추운 날 따뜻한 온돌방에서 차가운 냉면이 별미인 것이다. 이를 이한치한以寒治寒이라고 한다. 추위로 추위를 이기는 것이다. 비슷하게 이열치열以熱治熱이 있다. 무더위에 더운 음식으로 더위를 이기자는 것이다. 대부분 보양 음식은 여름에 먹는다. 더위는 더위로 이기고 추위는 추위로 이긴다는 게 희한稀罕하다. 하지만 일리가 있다.

그렇다면 슬플 때는 어떤 음악을 듣는 것이 좋을까? 많은 사람이 가라앉은 마음을 깨우기 위해 신나는 음악을 들어야 한다고 생각한다. 내 생각은 다르다. 난 슬플 때는 슬픈 음악을 들어야 한다고 생각한다. 가라앉을 때 억지로 역행하는 것보다는 더 가라앉게 해야 한다. 그럼 어느 순간 치고 올라오면 된다. 이래저래 세상 이치란 알 듯 모를 듯하다.

극과 극은 통한다

바둑 천재 조훈현은 바둑 외에는 할 줄 아는 게 아무것도 없다고 한다. 운전도 할 줄 모르고 은행 일도 처리할 줄 모르고 집안일도 할 줄 모른다. 오죽하면 이사할 때도 아예 외출했다가 아내가 다 끝났다고 연락하면 집으로 온다고 한다. 그만큼 다른 일에는 도움이 되지 않는 것이다. 또 다른 바둑 천재 이창호도 비슷하다. 그는 신발 끈을 맬 줄 몰라 군에서 그만을 위한 찍찍이 달린 군화를 특별 제작했다고 한다. 두 사람 모두 바둑 외에는 할 줄 아는 게 전혀 없다. 아니, 다른 것을 전혀 할 줄 모르기 때문에 바둑을 그렇게 잘하는 것인지도 모른다. 모든 에너지를 바둑에 집중하기 때문이다. 이처럼 극과 극은 서로 통한다.

약도 그렇다. 몸에 가장 좋은 약이 가장 위험할 수 있고 위험한 약이 가장 몸에 좋을 수도 있다. 부자附子는 최고의 독약이다. 천하의 사물 중 부자보다 독한 것은 없다. 그러나 뛰어난 의사는 이를 주머니에 담아 간직한다. 독특한 약용의 가치가 있기 때문이다. 조금 사용하면 강심제나 진통제로 사용할 수 있다. 주름을 없애기 위해 쓰는 보톡스도 일종의 독약이다. 1그램만 먹어도 즉사한다. 엘러건사가 1995년 처음 보톡스를 사시 치료제로 활용하면서 세상에 알려졌다. 이처럼 최고의 독약과 최고의 양약은 서로 통한다. 독약이란 말도 독이 약이 되고 약이 독이 될 수 있다는 것을 뜻하는 말이 아닐까?

피부에 가장 해로운 것은 햇빛이다. 햇빛이 피부에 얼마나 좋지 않은지는 밖에서 자외선에 노출된 채 일하는 직업을 가진 사람들의 얼굴을 보면 알 수 있다. 프로골퍼들이나 농사를 짓는 사람들은 마흔만 넘어가도 목에 주름이 자글자글하다. 그렇다면 감방에서 평생 햇빛을 보지 못하게 한다면 어떤 일이 벌어질까? 그 역시 문제가 심각해질 것이다. 그런 면에서 피부에 가장 해로운 것도 이로운 것도 햇빛이다. 사랑과 미움도 같이 간다. 사랑하지 않는 사람은 미워할 수 없다. 누군가를 미워한다는 것은 그만큼 그 사람을 사랑할 때 가능하다. 그 사랑에 대한 기대가 깨질 때 사랑이 미움이 되는 것이다. 애증이란 단어는 그래서 만들어진 것이다. 나를 가장 행복하게 하는 것도 가족이지만 나를 가장 불행하게 할 수 있는 것 역시 가족이다.

천재와 정신병자는 비슷한 면이 있다. 천재와 정신병자는 모두 남들이 보지 못하는 것을 본다. 생각이 마구 날아다니기 때문에 무슨 말을 하는지 종잡을 수 없다. 전혀 상관이 없는 대상을 연결시키기도 하고 알아들을 수 없는 얘기를 한다. 대표적인 것이 연상이완聯想弛緩이다. 하나를 보면서 다른 것을 연상하는 것이다. 천재들의 특성이지만 한편 정신분열증의 전형적 증세 중 하나이기도 하다. 헨리 포드는 도살장에 걸린 소를 보고 컨베이어 시스템을 생각해냈다. 구텐베르크는 포도즙 짜는 기계를 보고 평압식 활판 인쇄기를 만들었다. 프리드리히 케쿨레는 뱀이 꼬리에 꼬리 무는 꿈을 꾼 후 벤젠링 구조를 생각했다. 모두 연상작용 덕분이다. 이런 연상능력은 예술에도 결정적 역할을 한다. 그래서인지 예술가는 일반인보다 정신분열증 증세가 세 배에 이른다는 통계가 있다.

사람도 그러하다. 중국의 국부 쑨원은 사람을 여덟 종류로 나누었다. 성聖, 현賢, 재才, 지智, 평平, 용庸, 우愚, 열劣이 그것이다. 성聖은 글자 그대로 성인의 단계에 있는 사람이다. 현賢은 현명한 사람이다. 재才는 재능이 있는 사람이고 지智는 기지가 있는 똑똑한 사람이다. 평平은 평범한 사람이고 용庸은 용렬하고 조금 못난 사람이다. 우愚는 어리석은 사람이고 열劣은 글자 그대로 뭔가 부족한 사람이다. 머릿속에 그림이 그려질 것이다. 대부분 사람은 용과 평에 속한다. 비즈니스를 하는 사람 중에는 재才가 많다. 임원이나 컨설턴트들도 지를 가진 사람이다. 이들은 자신의 재주를 활용해 승진도 하고 돈을 벌면서 폼을 잡는다. 하지만 때로는 자신이 가진 재주 때문에 한 방에 훅 가기도 한다. 그렇기 때문에 재才만을 믿어서는 안 된다. 이런 재능이 지속가능하기 위해서는 지를 높여 현으로 가야 한다. 현으로 가기 위해서는 현을 가진 사람과 사귀든지 아니면 그런 사람을 삼고초려를 해 끌어들여야 한다. 서로 보완하는 격이다. 근데 이 분류는 직렬식이 아니라 원으로 되어 있다. 최상위인 성과 최하위인 열이 서로 연결되어 있다. 즉 성은 부족한 열과 붙어 있다. 테레사 수녀 같은 성인이 부족한 사람을 섬기는 격이다. 이래저래 극과 극은 통하는 법이다.

근거 없는 낙관주의

근거 없는 낙관주의자를 자처하는 사람들이 제법 있다. "모든 일은 잘될 것이다." "세상은 나를 중심으로 돌아간다." "다 잘되게 되어 있다. 누가 하는 일인데." 같은 말을 입에 달고 산다. 그는 긍정심리학을 삶의 모토로 삼은 것처럼 보인다. 그의 사전에 불가능은 없다. 하지만 과연 그럴까? 그렇게 긍정적으로 생각하면 모든 일이 술술 풀릴까? 생생하게 그리고 바라면 세상 모든 희망을 이룰 수 있을까? 난 동의하지 않는다. 지나친 긍정주의는 부정주의보다 더 위험하다. 아니, 어떻게 세상일이 바란다고 다 될 수 있단 말인가? 뭔가 노력도 하지 않으면서 간절히 바라고 원한다고 다 될 것 같으면 세상에 재벌 아닌 사람이 어디 있겠는가?

출판계에는 "베스트셀러를 낸 출판사는 망한다."라는 속설이 있다. 언뜻 이해하기 어렵다. 과정은 이렇다. 가난하던 출판사에 갑자기 목돈이 들어오니 주체하지 못한다. 우선 사옥을 짓거나 구입하고 직원들을 많이 채용한다. 마케팅 비용도 많이 쓰고 주특기가 아닌 다른 분야에까지 진출한다. 한 마디로 살림이 커지는 것인데 그 바탕에는 지나친 긍정주의가 깔려 있다. 베스트셀러를 만든 자신감이 다른 일에서도 성공을 거둘 것으로 착각하게 하는 것이다. 하지만 세상 일은 그렇게 만만치 않다. 이것저것 손을 대지만 성과는 나지 않고 늘어난 살림 규모를 당해내지 못하고 결국 망하는 것이다.

한때 잘나가던 기업 중 지금은 사라지거나 어려워진 곳이 제법 많다. 여러 이유가 있지만 과잉투자로 말미암은 것이 가장 많다. 왜 그럴까? 늘 잘될 것이고 아무런 장애가 없을 것이고 계속해서 지금 같은 상황이 이어질 것이란 가정하에 계획을 세웠는데 다른 변수가 생겼기 때문이다. 세상 일은 뜻대로 되지 않는다. 늘 생각하지도 못한 일이 벌어지곤 한다. 예상보다 비용은 두 배가 들고 시간은 그 이상이 소요된다. 갑자기 기름값이 뛰기도 하고, 핵심 인재가 빠져나가기도 하고, 송사에 휘말리기도 하고, 생각지도 못한 경쟁자가 등장하기도 한다. 그렇기 때문에 지속해서 성장하고 발전하는 것은 생각보다 훨씬 어려운 일이다.

퇴직자들이 놀긴 뭣하니까 음식점 혹은 커피숍을 냈다가 알량한 퇴직금을 말아먹는 일이 종종 있다. 그들의 공통점은 아무 준비 없이 사업에 뛰어들었다는 것이다. '아니, 어떻게 이런 곳에서 이런 맛을 가진 음식점을 낼 수 있을까?' 하는 생각이 들 정도로 신기하다. 뭐든 지나치면 좋지 않다. 긍정성도 그렇다. 뭐든 할 수 있다는 건 사실 아무것도 할 수 없다는 것과 같다. 한국 사회가 힘들고 자살이 많은 것도 사실은 지나친 긍정주의 때문이다. 주제 파악도 하지 못한 채 끊임없이 저 높은 곳을 향해 전진하기 때문이다. 지나친 긍정주의가 위험한 것은 그걸 핑계 삼아 대충 일할 가능성이 높기 때문이다. 별다른 준비도 하지 않으면서 모든 것을 다 운에 맡기기 때문이다. 난 긍정으로 무장하고 대충 일하는 것보다는 오히려 최악의 경우를 상상하면서 한 가지 일을 하더라도 철저하게 준비할 것을 권한다.

나같이 기업 강의를 많이 하는 사람들에게 가장 큰 리스크는 강의에 늦는 것이다. 그래서 난 늘 한 시간에서 한 시간 반 전에 도착하는 걸 목표로 길을 나선다. 미리 가서 분위기도 살피고 강의 관련 정보도 얻고 어떤 내용으로 강의할지 구상도 한다. 한 번은 연수원을 다른 곳으로 착각해 다른 곳을 간 적이 있는데 일찌감치 간 덕분에 위기를 모면할 수 있었다. 난 그런 면에서 김성근 감독을 존경한다. 그는 스스로를 지독한 비관론자라고 말한다. 그렇기 때문에 완벽하게 준비를 한다는 것이다.

세상 일은 알 수 없다. 언제 어떤 일이 벌어질지 모른다. 그럴 때도 살아남으려면 미리미리 준비해야 한다. 플랜 B는 잘 나갈 때, 아무 문제가 없을 때, 평상시에 준비해야 한다. 그래야 효과가 크다. 배가 기울기 시작했을 때, 뭔가 문제가 생겼을 때 하면 늦는 경우가 많다. 건강이 그렇다. 건강은 건강할 때 신경을 써야 효과가 크다. 뭔가 문제가 생긴 후 건강에 관심을 가져봐야 배가 떠났을 가능성이 높다. 구조조정도 그렇다. 사업구조 조정, 사람의 구조조정도 사업이 잘 나갈 때 해야 한다. 하지만 사람들은 성공에 취해 구조조정 대신 확장 전략만을 생각하기 쉽다. 사람을 마구 뽑고 사업을 함부로 벌인다. 그러다 경기가 나빠지면 부랴부랴 뭔가를 한다. 플랜 B의 키워드는 미리 미리와 준비이다. 일이 닥치기 전에 미리미리 준비해야 한다는 것이다. 관련 격언은 "해가 좋을 때 건초를 말린다 Make hay while the sun shining"가 있다.

디테일의 소중함

바쁜 사람일수록 피드백이 빠르다. 동창모임에서 총무를 하는 친구에게 들은 얘기이고 나 자신도 여러 번 그런 걸 경험했다. 아니, 어떻게 그렇게 바쁜 사람이 이렇게 전광석화처럼 빠르게 피드백을 할 수 있을까? 바쁘기 때문이다. 바쁘다는 건 처리할 일이 많다는 것이고 그렇기 때문에 나중에 다시 이 일을 들여다볼 시간이 없다는 의미이다. 그때그때 처리하지 않으면 영원히 이 일을 못한다는 걸 본인이 인지하고 있다. 자칫하면 신뢰가 없는 사람으로 낙인 찍힐 가능성이 높다. 방법은 오직 하나뿐이다. 받는 즉시 회신을 보내는 것이다.

한가한 사람은 시간이 넉넉하다. 지금 처리하지 않고 나중에 처리할 수 있다고 생각한다. 한꺼번에 모아서 문자를 보내야 생각하다가 깜빡하는 것이다. 참으로 역설적이다. 멀리 사는 사람이 가장 먼저 약속장소에 나타나는 것도 비슷하다. 멀리 사는 사람은 변수가 많다. 사고로 교통체증이 일어날 수도 있고 버스가 늦게 올 수도 있다. 가늠하기 어렵기 때문에 일찌감치 집을 나선다. 집이 가까운 이는 늘 10분 안에 갈 수 있다고 생각해 긴장하지 않는다. 언제든 갈 수 있다고 생각해 다른 일을 한다. 그러다 깜빡한다. 늘 꼴찌로 도착한다. 이 역시 역설이다.

오랜 세월 책을 쓰고, 책 소개를 하고, 1년에 200번 이상 강의를 하고, 자문과 코칭을 하고 있다. 그러다 보니 촉이 발달한다. 만나서 얘기를 나누고 그 사람 표정을 보고 사무실을 가보면 많은 정보가 들어온다. 척 보면 이 회사가 잘되는 곳인지 아닌지 알 수 있다. 얼마 전에는 마이다스아이티란 회사와 일하면서 놀라운 경험을 했다. 이 회사는 구조해석 관련 소프트웨어를 만드는데 글로벌 넘버원 회사이다. 여러 경로를 통해 이 회사가 보통 회사가 아니란 소문을 들었다. 근데 실제 일을 해보면서 명불허전이란 생각을 하게 되었다. 역시 소문 그대로였다.

이 회사의 이형우 대표는 엔지니어로 성장해 경영하다가 채용의 중요성을 깨닫게 되었고 채용을 잘하려고 뇌를 공부하게 되었다. 이 노하우를 바탕으로 채용 소프트웨어를 만들었는데 내게 마케팅 관련 도움을 요청했다. 마침 나도 면접 관련 책 『면접의 힘』을 내서 공동으로 인사 세미나를 개최하기로 했다. 그 과정에서 대표를 비롯해 직원들을 많이 만났는데 하나같이 주인처럼 일했다. 회의하고 나면 늘 회의록을 정리해서 보내주고 숙제를 주었다. "지난번 말씀하신 회사에 전화해주세요."

"주소록을 살펴봐주세요." "이렇게 생각하는데 어떠신지요 등 등……." 정말 귀찮을 정도로 디테일하게 일을 파고들었다.

한 번은 새벽 5시 반쯤 문자로 뭔가를 질문했는데 바로 답신이 왔다. 나야 아침형 인간이라 그렇다고 하지만 젊은 직원이 이 시간에 바로 답신한다는 게 믿어지지 않았다. 막상 놀라운 일은 행사 당일이었다. 일찍감치 행사장에 갔는데 그렇게 꼼꼼할 수가 없었다. 참가자 목에 거는 이름표의 끈 색깔이 달랐다. 집중적으로 상담할 고객, 관심이 있는 고객, 스쳐 지나가는 고객을 구분하기 위한 거란다. 테이블 세팅도 정말 디테일했다. 마실 물, 과자와 초콜릿, 팸플릿이 정리정돈되어 있었다. 400명이 와서 혼잡할 수도 있었지만 말 그대로 정교하게 움직였다. 아마 많은 성과를 냈을 것이다. 난 정말 감탄했다. 어떻게 저런 사람들만 채용했을까? 원래 저런 사람일까? 아니면 와서 저렇게 바뀐 걸까? 저런 회사는 잘될 수밖에 없다는 생각을 했다. 그러면서 동시에 아무 생각 없이 무심하게 일하는 수많은 개인과 조직이 연상됐다.

얼마 전에는 모 대기업 임원 워크숍을 진행하면서 회장님과 잠시 얘기를 나눌 기회가 있었다. 그분은 책을 많이 읽기로 유명하다. 요즘 『마에스트로 리더십』이란 책을 읽고 감명을 받았다면서 한 권 보내주겠단다. 난 그 사실을 잊고 있었는데 다음 날 칼같이 그 책이 도착했다. 깜짝 놀랐다. 메모도 하지 않은 것 같았는데 어떻게 그걸 기억했을까, 수많은 이슈를 가진 사람이 이것까지 챙길 수 있을까 등등……. 역시 성공한 사람은 뭔가 다르다는 생각을 했다.

디테일의 중요성은 아무리 강조해도 지나치지 않다. 성공한 사람들은 하나같이 편집증을 갖고 있다. 기대치가 높고 기대치를 달성하기 위해 지나치리만큼 집착을 한다. 메모하고, 시간 약속을 칼같이 지키고, 정리정돈을 잘하고, 하기로 한 약속은 확실히 지킨다. 왜 그럴까? 자기가 하는 일을 사랑하기 때문이다. 사랑의 어원은 사량思量이다. 생각의 양이다. 사랑한다는 것은 거기에 대해 많이 생각한다는 것을 뜻한다. 일을 사랑하는 사람은 늘 일에 대해 생각한다. 당연히 잘못된 것, 비뚤어진 것, 흐트러진 것을 용납하지 않는다. 당연히 성과가 나고 사람들의 인정을 받는다. 그러면서 일류로 거듭나는 것이다.

역사학은 미래학이다

요즘 모 화장품 회사의 임원을 코칭하는데 그분으로부터 많은 것을 배우고 있다. 한 번은 글로벌 향료 회사가 있는 스위스 출장을 다녀왔다고 해서 자연스레 향에 관한 얘기를 나누게 되었다. 현재 향 관련 제일 큰 회사는 스위스의 지보단Givaudan과 피르매니쉬Firmenish이다. 나는 향 하면 막연하게 프랑스를 생각했기에 스위스가 강국이 된 이유를 물었다. 그는 이렇게 설명했다.

"16세기 프랑스는 구교와 신교인 위그노의 대립이 심각했습니다. 전통 가톨릭을 옹호한 국왕과 귀족의 탄압에 대항해 신교도를 옹호한 칼뱅파 남부 지방 귀족과 장인들이 서로 이단시하며 폭력으로 맞서는 형국이었습니다. 이런 갈등과 반목은 어린 나이로 왕위에 올랐던 샤를 9세 시기에 극성이었습니다. 샤를 9세 뒤에서 섭정하던 어머니 카트린 드 메디치가 주도한 성 바르톨로메오의 축제일의 대학살 사건이 그것입니다. 결혼을 빙자해 사람들을 불러모아 그 자리에서 신교도 3,000

명을 죽인 겁니다. 이를 계기로 위그노 족이 대규모로 해외로 이주를 하는데 그중 하나가 지금의 스위스입니다. 이들은 주로 화학산업, 정밀 제조업, 향료 산업에 종사하고 있었지요. 이들이 이주하면서 오늘날의 스위스 산업을 일으킨 겁니다. 스위스의 3대 산업이 시계 같은 정밀 제조업, 제약 산업, 향료 산업이지요."

그는 또 이런 얘기를 해주었다.

"향의 목적은 냄새를 감추는 것입니다. 그래서 향은 피혁皮革 산업과 관련이 많습니다. 피혁의 피는 동물 가죽을 말하고 혁은 그 가죽을 무두질한 것을 뜻합니다. 가죽을 무두질할 때는 냄새가 많이 나는데 이를 가리기 위해 향을 씁니다. 그래서 피혁 산업과 향료 산업은 같이 갑니다. 프랑스 남부에 있는 글라스란 곳이 바로 그렇습니다. 그곳은 원래 피혁 산업이 발달하면서 냄새를 없애기 위해 향료 산업이 같이 발달했습니다. 근데 정부가 피혁 산업에 세금을 많이 매기면서 피혁 산업은 몰락하고 향료 산업이 살아남은 것이지요."

난 이 얘기를 들으며 자연스레 영국의 브렉시트 생각을 하게 되었다. 이유가 뭐든 영국이 유럽연합EU을 탈퇴하기로 한 사건이 예상치 못한 결과를 가져올 것이다. 브렉시트를 반대한 젊은이, 전문가, 역량 있는 사람들은 더 좋은 기회를 찾아 영국을 떠날 것이다. 이들이 간 곳은 지금의 스위스처럼 발전할 것이다. 영국의 미래는 어떻게 될 것인가? 대충 그림이 그

려진다.

역사는 사람의 움직임에 관한 것이다. 어떤 이유에서건 사람들이 빠져나가면 그 동네는 쇠락하고 사람들이 몰려들면 그 동네는 살아 움직인다. 천하를 호령하던 스페인의 쇠퇴는 15세기 유대인을 강제로 추방하면서 시작되었다. 당시 스페인은 재정적으로 어려움을 겪고 있어 돈이 필요했다. 그래서 경제를 장악한 유대인의 돈을 빼앗기 위해 개종하라고 압박을 가했고 이를 받아들일 수 없었던 유대인이 다이아몬드 같은 귀금속으로 재산을 처분해 벨기에의 앤트워프 등으로 이주한다. 앤트워프가 다이아몬드의 중심지가 된 이유 중 하나이다. 홍익희의 『유대인 이야기』에서 읽은 내용이다.

요즘 역사에 흥미를 느끼기 시작했다. 역사를 보면 미래를 볼 수 있다는 생각이 들었기 때문이다. 내가 생각하는 역사학은 바로 미래학이다. 역사를 보면 미래를 볼 수 있기 때문이다. 뭔가 풀기 어려운 문제가 생겼을 때 역사학에서 유사한 사건을 찾아보면 실마리를 찾을 수 있는 경우가 많다. 문제는 역사에서 많은 것을 배울 수 있음에도 배우려 하지 않는다는 사실이다. 그렇기 때문에 잘못된 역사를 끊임없이 반복하는 것일 수 있다. 인간은 과거의 역사를 통해 아무것도 배우지 못한다는 것을 역사는 수없이 말해주고 있다. 과거에도 그랬고 지금도 그렇고 미래에도 그럴 것이다.

지식의 역설

　1980년대 하버드 경영대학원에서 기업윤리 과목을 채택할 것이냐를 놓고 논의를 했다. 채택하지 않기로 했는데 이유가 재미있다. 들어야 할 사람은 채택을 안 할 것이고 듣지 않아도 될 사람은 채택할 것이기 때문이다. 강의를 다니다 보면 재미난 현상을 발견한다. 책을 읽고 강의를 열심히 듣는 사람 중에는 강의 들을 필요가 없는 사람들이 많다. 이미 잘하고 있기 때문이다. 근데 정말 강의를 들어야 할 사람들은 강의를 들으려 하지 않는다. 필요성을 느끼지 않는다. 그러면서 점점 격차가 벌어진다. 반듯한 사람은 점점 반듯해지고 삐딱한 사람은 점점 삐딱해진다. 격차가 벌어지는 것이다.
　돈 문제도 그렇다. 삼성의 이건희 회장은 최고 부자다. 몇 대가 먹고 놀아도 별걱정이 없는 사람이다. 하지만 그는 늘 5년 후 먹거리를 생각하면 잠이 오지 않는다고 얘기한다. 반면 노숙자들은 별다른 걱정이 없어 보인다. 옆에 사람들은 걱정하는데 정작 본인들은 태평이다. 정말 걱정되는 사람은 걱정이 없어 보이고 걱정이 필요 없을 것 같은 사람은 걱정하니 참 세상은 요지경이다.

풍요의 역설

1498년 5월 바스코 다 가마는 인도의 캘리컷에 도착했다. 고향인 포르투갈을 떠난 지 3년 만의 일이다. 그는 포르투갈에서 아프리카 남단을 돌아 인도양을 가로지르는 멀고 먼 바다를 돌아 이곳에 왔다. 중간에 괴혈병과 폭풍우로 많은 선원을 잃었다. 목숨을 건 항해였다. 근데 왜 그는 이렇게 무리해서 여기까지 왔을까? 바로 후추를 구하기 위해서였다. 당시 서양인들에게 후추는 아주 귀한 향신료라 후추 한 알이 진주 한 알의 값과 같아 검은 황금이라 불렸다. 근데 캘리컷은 향신료 집산지였다. 여기를 통해 향신료가 유통되고 있었다. 그렇게 귀한 후추가 넘쳐났다.

바스코 다 가마 일행은 인도 왕에게 가지고 온 빨간 모자와 대야를 선물했다. 인도 사람들은 어떻게 이렇게 허접한 물건을 선물로 생각할까 한심해했다. 당시 서양과 동양의 수준 차가 그만큼 심했던 것이다. 이들은 배 하나 가득 후추를 싣고 본국으로 돌아왔고 이를 계기로 직접 인도와 향신료 교역을 시작했다. 문제는 당시 포르투갈이란 나라는 별로 줄 게 없었다는 것이다. 후추는 필요하고 줄 게 없고. 그래서 그들은 무력을 동원해 향신료를 얻었다. 그게 비극의 시초였다. 그런 소문은 유럽에 퍼졌고 다음 타자는 영국이었다. 그게 인도가 영국의 식민지가 된 시발점이다. 세리CEO 출연자이자 인도전문가인 이옥순 교수의 주장이다. 역사에 만약이란 없다지만 만약 인도란 나라가 사막뿐이고 탐낼 만한 물건이 없었다면 어땠을까? 계속해서 독립 국가로서 살았을 것이다. 결국 인도의 풍요로움 때문에 식민지로 전락해 그 고생을 했던 것이다. 풍요의 역설이다.

세상은 불공평하다. 잘사는 사람이 있고 못사는 사람이 있다. 국가도 그렇다. 잘사는 국가가 있고 못사는 국가가 있다. 근데 이를 가르는 기준점이 무엇일까? 인류학자 재레드 다이아몬드 교수는 『나와 세계』란 책에서 아주 재미난 기준점을 얘기하고 있다. 첫째는 위도이다. 열대지방은 못살고 온대지방은 잘산다는 것이다. 땅이 비옥하기 때문이다. 병충해도 적고 전염병도 적다. 둘째는 바다를 끼고 있느냐 내륙에 있느냐이다. 바다를 끼고 있는 게 유리하다. 물류비용이 적게 들기 때문이다. 셋째는 좋은 제도가 있느냐를 봐야 한다. 효과적인 정부나 제도가 있어야 유리하다는 것이다.

다음은 천연자원의 여부이다. 여기서 퀴즈 하나? 자원이 있는 게 좋을까, 아니면 없는 게 좋을까? 흥미롭게 천연자원이 없는 것이 유리하다. 천연자원은 축복이라기보다 저주의 요인이다. 왜 그럴까? 우선, 천연자원이란 것은 골고루 분포되어 있지 않고 일부 지역에만 있다. 이런 차이는 내란과 독립운동으로 이어진다. 천연자원을 가진 지역은 이런 부를 다른 지역과 나누고 싶어하지 않는다. 광물자원이 풍부한 콩고의 동부지역에서 분리독립 운동이 만성적으로 벌어지는 이유이다. 부패와 비리를 조장하기도 한다. 다이아몬드와 황금이 풍부한 국가들이 유난히 부패와 비리로 몸살을 앓는다. 높은 임금을 받기 때문에 값비싼 물건을 살 수 있고 그렇게 되면 물가가 오른다. 하지만 자원은 언젠가는 고갈되게 마련이다. 그걸 모르고 돈을 마구 쓴다. 교육 등에 투자하지 않는다. 석유가 풍부한 나이지리아와 앙골라, 광물이 풍부한 콩고, 다이아몬드의 생산지 시에라리온, 은이 풍부한 볼리비아가 대표적이다. 자원이 풍부한 나라들은 대부분 못산다.

　난 재레드 다이아몬드 교수의 새로운 해석에 충격을 받았다. 기존에 갖고 있던 내 생각과 너무 달랐기 때문이다. 우리는 늘 한국에 대해 비관적으로 들어왔다. 좁은 땅덩어리, 너무 많은 사람, 국토의 70%가 산, 삼면은 바다, 늘 외세의 침입을 받은 불쌍한 나라. 못살 수밖에 없는 나라란 생각이 있었다. 근데 이 얘기를 들으니 우리는 잘살 수밖에 없는 모든 조건을 가졌다. 온대지방에 있고, 삼면이 바다이고, 관료제도가 발달했고, 무엇보다 천연자원이 없다. 천연자원이 없었던 덕분에 지금까지 생존했던 것이다. 만약 사우디처럼 석유가 풍부했다면, 금이나 다이아몬드가 무진장 있었다면 우리는 어떻게 되었을까?

200년 전만 해도 인도와 중국은 전 세계 부의 3분의 2를 차지했다. 그만큼 기술도 앞섰고 풍요로웠다. 서양은 가진 것이 없었다. 하지만 불과 200년 만에 역전되었다. 이유 중 하나는 동양은 가진 것이 많았기 때문이다. 가진 것이 많으니까 모든 것을 안에서 자급자족할 수 있고 밖으로 나갈 일이 없었다. 반면 서양은 가진 것이 없으니까 자꾸 밖으로 밖으로 눈을 돌릴 수밖에 없었다. 부족하니까 식민지를 개발해 자신이 부족한 것을 벌충했다. 가진 자는 가진 것 때문에 무너지고 없는 자는 없기 때문에 일어서게 된다. 지금 나는 어떤가? 혹시 가진 게 너무 많은 건 아닌가? 지금 우리나라는 어떤가? 너무 잘 살게 된 건 아닌가? 난 지금의 어려움이 풍요를 극복하지 못했기 때문이라고 생각한다. 풍요의 역설이다.

고독의 역설

사람은 홀로 있을 때 외롭지 않다. 혼자 있을 때는 오히려 충만함을 느낄 수 있다. 그렇다면 언제 외로움을 느낄까? 바로 사람들 속에 있을 때 외롭다. 다른 사람들의 활달한 모습을 보면서 그렇지 못한 나를 보게 된다. 남들은 잘 섞여 웃고 떠드는데 잘 섞이지 못하는 나를 느낀다. 그러면서 고독이 밀려온다. 군중 속 고독이란 말이 나온 이유다. 고독을 극복하기 위해 사람들 안에 들어가는 대신 혼자 있으면 덜 외로울 수 있다. 이게 고독의 역설이다.

2장

한계가 디딤돌이다

즉석 스피치의 역설

즉석 스피치는 절대 즉석에서 할 수 없다. 앞사람 얘기를 잘 듣고 분위기를 잘 파악한 후 거기에 가장 잘 맞는 얘기를 떠올려 말하는 것이다. 셋 중 하나만 빠져도 하기 어렵다. 순간적으로 하는 스피치지만 그 사람 평생 내공이 묻어나는 것이다.

제약의 역설

언제 가장 생산성이 높을까? 바쁠 때 생산성이 가장 높다. 언제 가장 글이 잘 써질까? 글 쓸 시간이 없을 때이다. 난 자주 경험한다. 일이 몰릴 때가 있다. 갑자기 중요한 강의가 몇 개 들어온다. 원고 요청도 밀려온다. 늘 써야 하는 원고도 나를 기다리고 있다. 엎친 데 덮친 격으로 친구가 상까지 당한다. 내일 오전까지 원고를 보내야만 한다. 그럴 때는 새벽에 눈이 번쩍 떠진다. 나도 모르는 사이에 아드레날린이 나오는 것 같다. 일필휘지한다. 한 시간 만에 뚝딱 글이 써진다. 원고 요청한 곳으로부터 글이 좋다는 피드백까지 받는다. 책을 쓸 때도 그렇다. 난 10여 권 정도의 책을 동시에 준비한다. 그중 몇 권은 정보 수집도 꽤 진행됐다. 작심하고 글을 쓰기만 하면 된다. 시간이 아무리 많아도 어느 순간 진도가 나가지 않는다. 그런데 출판사에서 독촉하면 그때부터 글이 써진다. 데드라인에 쫓길수록 글은 더 잘 써진다.

제약은 긴장감을 높인다. 그런 긴장감 때문에 힘들긴 하지만 긴장감 덕분에 일이 잘 진행되기도 한다. 그렇기 때문에 일을 잘하기 위해서는 그런 제약을 적극 활용해야 한다. 긴장감을 잘 살려야 한다. 제약이 없으면 긴장감이 사라지고 생산성이 떨어진다. 데드라인이 없으면 언제까지 꼭 해야 할 이유도 사라진다. 긴장감이 없다. 그럼 자연스럽게 미루게 된다. 일 못하는 개인과 조직은 긴장감이 없다. 피드백이 느리고 문자를 보내도 답이 없다. 난 가능한 이런 사람들과는 일하지 않는다. 그런 긴장감이 없으면 일의 품질도 떨어진다. 마감일을 지키지 않은 보고서 중 괜찮은 보고서를 본 적이 없다. 명작이나 대작은 늘 시간과 비용의 한계 속에서 탄생한다.

「토이 스토리」 속편은 비디오용에서 극장용으로 용도를 바꾸면서 제작기간이 줄어들었다. 시간이 부족했다. 감독은 개봉일을 늦추자고 제안했지만 스티브 잡스가 반대했다. 스티브 잡스는 터프가이이다. 먼 훗날 이런 악조건 속에서도 일을 잘해낸 자신을 자랑스러워할 것이란 말을 했다. 불만스러웠지만 상사가 이러니 직원들은 대안이 없었다. 이들은 필사적으로 일에 달려들었고 결과는 대박이었다. 「토이 스토리」 속편은 전편을 뛰어넘는 흥행을 올린 것이다. 만약 시간을 충분히 주고 데드라인을 늦추면 어떤 일이 있었을까? 한계상황 때문에 대박을 낸 것인지는 말할 수 없지만 한계 상황에도 불구하고 대박을 낸 것은 틀림없는 사실이다.

오토바이를 만들다 뒤늦게 자동차 시장에 뛰어든 후발주

자 혼다의 판도를 바꾼 사건에도 이런 사연이 숨어 있다. 1970년대 미국의 대기청정법 마스키법이 그것이다. 이 법은 배기가스를 엄격히 규제하는 법이다. 이 법이 상원을 통과하자 미국의 빅3는 온갖 방법을 동원해 무효로 만들려고 했다. 혼다는 로비 대신 정면돌파를 선택했다. 가장 먼저 저공해 엔진개발을 결정하고 개발을 서둘렀다. 혼다는 전 직원에게 이렇게 말했다. "엔진개발 전쟁에서 승리한다면 혼다는 세계 최고가 될 수 있다." 1971년 혼다는 저공해엔진 CVCC를 개발했고 이듬해 세계 최초로 1975년 마스키법의 규제치를 통과했다. 수많은 특허와 히트상품은 대부분 시간에 쫓겨 그야말로 숨이 턱밑까지 찬 상황에서 만들어졌다. 혼다는 이렇게 말한다. "좀 더 시간이 있으면 잘할 수 있을 거란 말은 나는 바보라는 것과 같다. 자신이 멍청하다고 인정하는 셈이다. 바쁠수록 바쁜 상황에서 빠져나오려는 괴로움 속에서 얻은 지혜야말로 자신의 창작의지를 불태울 수 있다."

우리는 제한된 세상에서 살고 있다. 돈도 시간도 공간도 제한적이다. 제한은 어떤 면에서는 자연스러운 일이다. 하지만 사람들은 제한을 싫어하고 괴로워한다. 제한은 당연한 것이다. 제한이 없는 상황은 존재하지 않는다. 제한은 우리를 구속하지 않는다. 오히려 제한 덕분에 잘살고 있고 잘살 수 있다. 모든 자원이 무제한이면 전략이고 전술이고 필요 없다. 좋은 사람을 잔뜩 데리고 무제한의 자금을 갖고 데드라인 없이 일하는데 무슨 전략이 필요할 것인가?

조선일보 기자가 건축가 승효상 선생에게 건축가에게 제약이란 어떤 것인지 묻는 기사를 본 적이 있다. 기자는 "만일 아무런 제약이 없이 마음대로 건물을 지을 수 있다면 어떤 건물을 짓고 싶으신가요?" 하고 물었다. 승효상 선생은 단호하게 "그럼 저는 설계를 못 합니다."라고 답했다. 건축가로서 그동안 부딪혔던 온갖 한계와 제약 때문에 하지 못했던 일들의 리스트를 펼쳐 놓을 줄 알았는데 그게 아니었다. 현실적인 조건이 없으면 아무것도 설계할 수 없다는 것이다.

어쩌면 우리는 주어진 한계 때문에 꿈을 꾸고 그 한계 때문에 고민하고 그 한계를 딛고서 성장하는지 모른다. 우리는 늘 주어진 조건이 문제라고 탓한다. 하지만 한계란 사실 디딤돌일 수 있다. 바둑의 조훈현도 바둑의 제한시간에 대해 비슷한 견해를 털어놓는다. 제한시간은 필요하고 꼭 있어야 한다는 것이다. 무제한의 시간을 준다고 더 좋은 수가 나오는 것은 아니란 것이다. 그래서 바둑에는 장고 끝에 악수 둔다는 말이 있다. 오래 생각한다고 꼭 좋은 아이디어가 나오는 것은 아니란 것이다. 세상도 마찬가지이다. 시간제한과 초읽기라는 틀 안에서 사는 것이다.

사람의 능력은 평상시에 큰 차이가 없다. 자기의 한계에 부딪힐 때 자기 안에 숨겨진 놀라운 능력을 발견하게 되는 것이다. "인간은 가장 큰 제약 속에서 가장 훌륭한 업적을 남긴다.

제약은 건축술의 가장 가까운 친구인 것처럼 보인다. 혁신에 박차를 가할 때 최악의 선택은 지나친 자금지원이다. 창의성은 구속받는 상황을 좋아한다." 프랭크 R. 라이트의 말이다. 헨리 포드도 비슷한 말을 했다. "우리는 느긋한 연구방법에 의한 것보다 어쩔 수 없이 선택한 방법으로 제작하고 판매할 때 더 많은 발견을 한다." 자원의 결핍은 제약이 아니라 축복일 수 있는 것이다. 제약의 역설이다.

부를 이기는 일

한때의 행운이 불행으로 끝날 수 있고 반대로 불운이 행운으로 이어질 수도 있다. 유니레버는 미국 내 37개 공항을 자주 이용하는 미혼 남녀를 대상으로 '새로운 연인을 만나기에 가장 좋은 환경을 갖춘 공항은 어디인가?'를 조사했다. 그 결과 필라델피아공항이 1위를 차지했다. 이유는 고질적인 발착지연 때문이다. 이 공항의 발착지연율은 무려 32%에 이른다. 비행기당 평균 60분이 지연된다. 이런 무의미한 대기시간은 새로운 연인 후보를 물색할 좋은 환경을 제공한다. 그런 경험을 한 사람이 10%에 이른다. 실제 연인을 만난 사람도 있다.

그중 한 사람 얘기다. "두 시간 넘게 기다리는 불운이 오히려 제겐 행운이었어요. 라운지에서 그 사람과 딱 마주쳤으니 말이에요. 어떻게 이런 우연의 일치가 있을까요? 혹시 우리를 만나게 해주려고 비행기 두 대가 그렇게 오랜 시간 연착된 건 아닐까요?" 커다란 행운은 대개 낯선 모습으로 나타난다. 하지만 전제조건이 있다. 이럴 때 모든 가능성의 문을 활짝 열어놓아야 한다는 것이다.

　할아버지 때 잘살았던 얘기는 가장 흔하다. 할아버지 때는 자기 집안 땅을 밟지 않고는 그 동네를 지나갈 수 없었단다. 집안에 황금 돼지가 몇 마리 있었고 그 당시에 오픈카를 가지고 있었단다. 머슴들이 하도 많아 머슴만으로도 한 동네를 이룰 정도였다는 등등……. 근데 이후 스토리는 뻔하다. 아버지가 다 말아 드셨다는 것이다. 그 많던 재산이 사업하고 축첩하고 하면서 다 사라졌다는 것이다. 그러다 아버지가 건강을 잃고 일찍 돌아가시면서 가세가 기울었다는 것이다. 이런 얘길 들을 때마다 사주명리에 나오는 재다신약財多身弱이란 말이 떠오른다. 재물이 많아지면 몸이 약해진다는 뜻이다. 난 "돈이 많아지는 것은 좋은 일이지만 그렇게 되면 나쁜 일도 같이 올 수 있다."라고 해석한다. 돈이 많아지면 더불어 나쁜 일이 많아진다. 여러 유혹에 흔들릴 수 있다. 가난한 사람에게는 유혹이 올 리 없다. 남자의 경우 여자가 꼬이면서 망가질 수 있다. 인기가 높아지면서 여러 사람과 얽히고 송사에 휩싸일 수도 있다. 먹고 싶은 것을 마음껏 먹다 보니 당뇨에 고지혈증이 올 수도 있다. 자가용에 기사까지 있으니 걸을 기회가 적어져 게을러질 수도 있다. 유산 문제로 형제간 원수가 될 가능성도 높아진다. 돈이 없으면 절대 일어날 수 없는 일들이다.

　인생은 돌고 돈다. 양지가 음지 되고 음지가 양지 된다. 좋은 일 안에 나쁜 일이 숨어 있고 나쁜 일 안에 좋은 일이 숨어 있다. 그래서 일희일비하지 말라고 얘기한다. 문제는 가난은 극복하기 쉬운데 부는 극복하기 쉽지 않다는 것이다. 가난을 이기고 자수성가한 사람의 얘기는 차고 넘친다. 하지만 부를 극복하고 계속 존경받는 부자는 많지 않다. 잘 떠오르지 않는다. 그만큼 부를 이기기 어렵다. 그런 면에서 형제간 우애가 좋은 부자는 보통 사람이 아니다. 송사에 휘말리지 않는 재벌은 존경할 만한 사람들이다. 별다른 스캔들 없이 평범하게 지내는 부자는 그 자체로 대단한 사람들이다.

　예전과 비교해 말할 수 없이 잘살게 됐다. 그럼에도 우리 사회의 행복도가 낮은 이유는 부를 이기지 못했기 때문이다. 가난은 열심히 일해서 극복했지만 물질적 풍요는 극복하지 못하고 있는 것이다. 워렌 버핏은 그렇게 돈이 많지만 예전 살던 집에서 그냥 산다. 자식들도 평범한 공립학교에 보냈다. 차도 평범하다. 그래서 사람들의 존경을 받고 편안해 보인다. 그가 바로 부를 극복한 사람이다. 우리는 짧은 기간에 가난을 극복하고 지금의 우리 사회를 만들었다. 다음 아젠다는 더 잘사는 것이 아니라 지금의 부를 잘 극복하는 것이다.

부족함이 경쟁력이다

세계에서 물 관련 기술이 가장 발달한 나라가 어디일까? 바로 이스라엘이다. 이유는 물이 가장 부족한 국가 중 하나이기 때문이다. 이스라엘의 연간 강우량은 200~500밀리미터 정도이다. 1967년 벌어진 6일 전쟁도 물 때문에 일어났다. 시리아가 이스라엘 최대 수자원인 갈릴리 호수로 들어가는 물길을 차단하는 댐을 골란고원에 건설하려 했던 것이다. 그러자 이스라엘이 시리아를 침공해 골란고원을 빼앗은 것이다. 유일하게 사막화 진행을 막고 있는 국가이기도 하다.

이스라엘은 세계시장 점유율 50%를 넘는 해수 담수화 기술 선진국이다. 세류관개 기술을 개발해 물소비 대비 최대 농작물을 산출하는 선진 농업국가이다. 물의 가성비를 높인 것이다. 메마른 땅에서도 바나나 재배가 가능하도록 점적관수Drip Irrigation 기술도 개발했다. 불모지에 수박, 토마토, 오이, 가지, 파프리카 재배가 가능하도록 했다. 모세혈관 같은 튜브를 연결해 작물이 필요한 만큼의 물방울과 영양분이 떨어지게 하는 획기적인 발상이다. 물 2,000톤으로 1,000제곱킬로미터의 바나나 농장을 운영한다. 이 기술특허를 낸 네타핌이란 관수 회사는 연 매출이 8억 달러가 넘는 대기업이 됐다.

가장 좋은 장미향은 유럽의 발칸반도에서 나온다. 불가리아의 험준한 발칸산맥이 주 생산지이다. 이곳 발칸산맥의 장미계곡에서 세계 장미 원액의 70%가 생산된다고 한다. 근데 장미를 언제 채취하는지 아는가? 가장 춥고 어두운 자정에서 새벽 2시 사이에 채취한다고 한다. 왜 그럴까? 한밤중에 최고의 향기를 발산하기 때문이다. 추울 때 딴 꽃이 더 향기롭고 더 오래 지속된다고 한다. 이렇게 만 송이를 모아야 겨우 100그램의 향수를 만들 수 있다고 한다. 원예사들이 척박한 모래판에 꺾꽂이 하는 것도 이런 이유에서이다. 모래판에 꽂으면 부족한 영양소를 끌어들이기 위해 땅속으로 더 깊이 뿌리를 내린다고 한다.

누구나 풍요를 꿈꾼다. 경제적으로 시간적으로 정신적으로 여유 있고 풍요롭게 살기를 희망한다. 돈도 많고 시간도 많고 유유자적하는 그런 삶을 꿈꾼다. 근데 사실 풍요가 좋은 것만은 아니다. 돈도 그렇다. 100세에도 현역 활동을 하는 김형석 교수는 돈에 대해 이렇게 얘기한다. "돈이 너무 많으면 돈의 노예가 된다. 돈을 벌고 관리하고 유지하느라 다른 중요한 일을 할 수 없다. 돈은 중간 정도가 좋다. 경제적으로는 중산층, 정신적으로는 상류층이 바람직하다." 나 역시 여기에 공감을 한다. 돈이 없어 남에게 손을 벌리는 건 곤란하지만 너무 돈이 많으면 부작용도 만만치 않을 것 같다. 돈이 주는 기쁨보다는 돈 때문에 오는 고통을 많이 겪을 거 같다. 돈은 좀 부족한 듯 사는 게 좋을 것 같다. 그래야 돈을 더 벌고 싶고 돈을 벌 때 기쁨도 같이 올 거 같다.

음식도 그렇다. "좀 부족한 듯이 먹어라."란 말을 많이 들었다. 젊어서는 이 말을 이해하지 못했다. '왜 맛난 음식을 앞에 두고 그만 먹어야 하지?'란 의구심을 가졌다. 요즘은 그 말을 이해한다. 먹고 싶은 만큼 먹었을 때의 결과는 비만과 당뇨이다. 시간도 그렇다. 시간도 시간에 쫓겨야 시간의 귀중함을 알 수 있다. 시간이 남아돌면 시간의 소중함을 알지 못한다. 시간이 넘쳐난다고 영양가 있는 일을 하는 것은 아니다. 부족한 시간을 잘 활용할 때 삶의 질도 올라간다. 글도 데드라인에 쫓길 때 잘 써지고 휴식도 바쁜 와중에 틈을 내 쉬어야 더 달콤하다.

개인이나 조직이나 단기적으로 잘살 수는 있다. 하지만 지속적으로 잘살기는 쉽지 않다. 지속성을 유지하는 방법의 하나가 의도적으로 부족한 듯 사는 것이다. 의도적으로 결핍을 만드는 것이다. 그게 절제이다. 돈을 더 벌 수 있지만 그만 버는 것, 더 먹고 싶고 먹을 수 있지만 중간에 멈추는 것, 모든 것을 말하고 싶지만 말하지 않는 것, 권력이 있지만 맘대로 휘두르지 않는 것 등이 바로 그렇다. 무라카미 하루키는 장편을 쓸 때 하루 20장 정도만 쓴다고 한다. 더 쓸 수 있어도 쓰지 않는다는 것이다. 아문센 역시 남극정복을 할 때 날씨와 관계없이 하루 일정량만을 걸었다. 더 갈 수 있었지만 절제했던 것이다. 없어서 부족하게 사는 것은 어렵지 않다. 모든 것을 다 가질 수 있지만 부족하게 사는 것은 아무나 할 수 있는 일이 아니다. 난 그렇게 살고 싶다. 부족함이 경쟁력이다.

무경험도 경험이다

모 음식 관련 프랜차이즈 대표는 프랜차이즈를 뽑을 때 가장 중요한 기준으로 '음식점 경험이 없을 것'을 꼽는다. 프랜차이즈는 업의 본질이 카피이다. 베끼는 것이다. 본사의 맛과 품질을 언제 어느 곳에서든 똑같이 구현할 수 있어야 한다. 그러기 위해서 같은 식자재를 같은 프로세스로 해야 하고 그런 만큼 표준작업 매뉴얼이 중요하다. 음식점 경험이 없는 사람은 본사의 지시대로 충실히 일을 수행한다. 반면 음식점 경험이 있는 사람은 기존의 알량한 경험을 바탕으로 자꾸 딴짓을 한다. 그러다 보면 문제가 생긴다. 그래서 경험 없는 사람을 선호하게 된 것이다.

네트워크 마케팅에서 최고위직에 오른 사람도 비슷한 얘기를 한다. 그는 업의 특성상 새로운 사람을 뽑고 교육하는 데 가장 높은 비중을 둔다. 그 역시 가장 많은 시간을 거기에 쓴다. 그는 이렇게 말한다. "어디 가면 좋은 사람을 만날 수 있을까, 어떻게 하면 그런 사람들을 설득해서 하게 만들까를 가장 많이 고민합니다. 그렇지만 아무나 뽑지 않습니다. 철저하게 가려서 뽑습니다. 이상한 사람이 오면 라인 전체가 흔들리기 때문입니다. 전 네트워크 마케팅 경험이 있는 사람은 가급적 뽑지 않습니다. 지금 우리 회사는 인간 존중의 철학을 바탕으로 일하는데 다단계 비슷한 곳에서 일했던 사람은 오염되어 있어 딴짓을 하는 경우가 많기 때문입니다. 제가 무슨 얘기를 해도 그런 사람들이 꼭 뒤에서 고춧가루를 뿌립니다. 전 오히려 네트워크 마케팅에 대해 모르는 사람을 선호합니다. 사람들이 순수해 가르쳐주는 대로 팍팍 입력되거든요."

대치동에 있는 최선어학원 송오현 원장 역시 학원 경험이 없던 것이 학원사업에 큰 도움이 되었다는 고백을 한다. 그는 대학을 졸업하고 직장생활을 할 때까지 학원 근처에 간 적도 없었는데 우연히 친구를 도와주면서 학원과 인연을 맺으면서 학원사업에 눈을 떠 큰 성공을 거둔다. 그가 본 원장과 선생과의 관계는 물과 기름 같은 관계였다. 같은 일을 하지만 전혀 섞이지 못하고 따로 노는 것이다. 겉으로는 좋아 보이지만 전혀 그렇지 않았던 것이다. 그래서 그는 오랫동안 이상적인 원장과 선생 관계에 대해 고민하고 생각하게 되었다. 원장의 역할도 생각했다.

그가 생각한 업의 본질은 '열심히 가르쳐서 아이들을 많이 데리고 오게끔 하는 것'이다. 그는 이를 바탕으로 세 가지를 실천하기로 했다. 첫째, 선생님들이 가장 오고 싶어하는 학원, 오면 행복한 학원으로 만들자. 그는 교무실을 없애고 선생님마다 각자의 공간을 만들어주었다. 둘째, 계속해서 새로운 것을 배우고 배운 것은 모든 선생님들과 공유하자. 영어를 가르친 지 20년이 넘었지만 지금도 그는 영어선생님을 모시고 매일 영어수업을 받는다. 그 외에도 수시로 다양한 분야에서 관련 공부를 한다. 또 배운 것은 반드시 선생님들에게 알려준다. 셋째, 살아 있어야 한다는 것이다.

경험은 필요하고 중요하다. 하지만 잘못된 경험, 생각하지 않는 경험은 조건이 바뀔 때 오히려 장애요인이 될 수 있다. 전문가들이 잘 빠진다는 경험의 덫이 그것이다. 경험의 덫을 피하는 최선의 방법은 다양성의 확보다. 관심의 폭을 넓혀야 한다. 다양한 분야에 관심을 두어야 한다. 이를 위해서는 만나는 사람을 다양화해야 한다. 회사원은 회사 사람 외의 사람들을 만나야 한다. 회사 내에서도 한 가지 일만 하는 것보다 순환근무, 해외근무, 부서 간 잦은 접촉이 도움된다. 그럼 다른 사람들이 무슨 일을 하는지 이해의 폭이 넓어진다. 주기적으로 외부에서 인재를 영입하고 임원진의 나이와 성별도 다양화하면 도움이 된다. 획일화된 개인과 집단이 가장 위험하다. 이들은 한방에 훅 갈 수 있다.

경험이 많다고 일을 잘하는 건 아니다. 경험이 많다고 반드시 전문가가 되는 것도 아니다. 잘못된 경험이나 생각 없는 경험을 오래 하면 전문가 대신 원주민으로 전락할 수 있다. 원주민이란 아무 생각 없이 그 동네에 오래 산 사람이다. "우리 것이 최고여. 우리 부서가 없으면 회사는 쓰러져. 너희가 뭘 알아, 내가 왕년에 말이야……." 이런 말을 자주 쓰는 사람, 자기 외에 모든 사람을 무시하는 사람 중 원주민이 많다. 예전에는 대한민국 가을 하늘이 최고라는 얘길 곧잘 했다. 요즘에 그런 말을 하는 사람은 없다. 다른 나라 하늘을 보는 순간 그건 아니란 사실을 깨달았기 때문이다. 우리 부서가 최고라는 주장은 다른 부서에 대한 이해가 제로란 사실 외에 아무것도 아니다. 경험은 물론 중요하다. 하지만 경험이 전부는 아니다. 경험이 최고의 스승이긴 하지만 우리는 경험에서 배우는 게 아니다. 그 경험에 대해 생각하면서 배운다. 생각하지 않는 경험보다는 무경험이 낫다. 무경험도 경험이다.

무대응도 대응이다

강의 때문에 이틀 동안 지방에 내려갔다. 무슨 과정의 맨 마지막 강의를 맡았다. 사람이 많지 않아 둥그렇게 앉아 질문하고 답하는 식으로 진행했다. 이미 한 학기 동안 관련 수업을 들었기 때문에 질문의 반은 경영 관련이고 나머지 반은 여러 주제를 왔다 갔다 했다. 세 시간을 했는데 시간 가는 줄 몰랐고 사람들 반응도 뜨거웠다. 저녁 10시 넘어 호텔로 돌아왔는데 다음 날 아침 어제 참가자 중 한 사람이 만나고 싶다는 문자를 했다. 뭔가 상의할 게 있다는 것이다. 마침 시간이 괜찮아 점심을 같이하기로 했다. 직원이 30명쯤 되는 자그마한 회사를 경영하는 사람인데 이런 고민을 털어놓았다.

"같은 업을 하는 사람끼리 협회를 만들어 운영하고 있습니다. 제가 3년 전쯤 회장을 했습니다. 회장을 하던 그때 모 기관에서 낸 큰 프로젝트에 제가 당첨된 일로 말이 많았지요. 회장이 어떻게 그럴 수 있느냐는 항의였어요. 뒤늦게 이건 아니란 생각이 들어 취소하려고 하니 벌금이 너무 센 거예요. 할 수 없이 사과하고 그 프로젝트를 받아 진행했습니다. 그 때문에 미운털이 박혀 힘든 시간을 보냈고 지금까지 후유증이 있습니다. 이 과정에 들어온 것도 뭔가 기업인으로서의 사명과 철학을 배우기 위해서입니다. 한 학기 배우면서 경영에 새로운 눈을 뜨게 되었습니다. 앞으론 정말 철학이 있는 회사를 만들고 싶습니다."

나랑 상의할 게 뭐냐는 질문에 그는 "과거 전력이 있다 보니 자꾸 저를 씹는 사람이 있습니다. 최근에 어떤 건은 저랑 무관한데도 불구하고 계속 저를 비난하는 사람이 있는 겁니다. 보다 못한 친구 하나가 왜 바보같이 대응하지 않냐며 제게 전화를 했습니다. 저도 더 이상 계속 당할 수만은 없다는 생각이 들어 적극 대응을 검토하는데 어떻게 하는 게 좋겠습니까?"라며 의견을 물었다.

제한된 정보를 갖고 자문을 하긴 어려워 회사에 가보자고 했다. 작지만 알차게 운영을 하고 있었고 직원들도 씩씩해 보였다. 다들 인사도 잘했다. 원래는 그렇지 않았는데 요즘은 자신이 변화해서 그런지 직원들도 달라졌다는 얘기를 했다. 다시 본론으로 돌아가 그 건에 대해 얘길 했다. 난 첫 질문을 던졌다. "적극 대응을 해서 얻는 게 뭔가요?" 잠시 생각하던 그는 "별다른 건 없습니다. 제가 당하지만은 않는다는 사실을 알리는 것이지요." 한 마디로 자신이 바보는 아니라는 사실을 알리는 것이 목적이란다. 이어 물었다. "대응하지 않을 때 잃는 게

뭡니까?" 그는 바로 답했다. "별로 잃는 건 없어요. 어차피 그 친구들은 나를 싫어하겠지만 그렇다고 사업에 지장이 있는 건 아니니까요. 저도 나름 이 동네에선 고정고객도 있고 평판도 괜찮거든요."

나는 다음 얘기로 답을 대신했다.

"두 사람이 구구단 문제로 논쟁이 벌어졌어요. 한 사람은 사칠(4*7)은 27이라고 했고, 또 다른 친구는 사칠은 28이라고 했던 것이지요. 서로 자기가 옳다고 싸웠습니다. 싸워도 결판이 나지 않자 원님을 찾아가 공정한 심판을 부탁했습니다. 두 사람 얘기를 들은 원님은 사칠은 이십칠에게는 집에 돌아가라고 했고 사칠은 이십팔을 부른 사람은 묶은 후 곤장 칠 것을 명령했습니다. 사칠은 이십칠은 손으로 브이자를 그리며 당당하게 집으로 돌아갔고 이십팔은 곤장을 열 대 맞았습니다. 다 맞고 난 이십팔은 자신은 정답을 맞혔는데 왜 맞아야 하냐며 하소연했습니다. 원님은 과연 뭐라고 얘길 했을까요?" 그는 대답하지 못했다. "원님은 저런 인간하고 싸우는 네가 더 나쁜 놈이라고 말했습니다." 그 말을 들은 그 사장은 웃으면서 이렇게 말했다. "그러니까 대응하지 말라는 얘기네요. 알았습니다. 대응하지 않도록 하겠습니다."

세상을 살다 보면 별일이 다 있게 마련이다. 억울한 일도 있고, 답답한 일도 있고, 해명하고 싶은 일도 있게 마련이다. 하지만 어떨 때는 가만히 놔두는 것이 베스트인 경우도 있다. 대응

한다고 상대가 설득되는 것도 아니고, 내 속이 시원한 것도 아니고, 어떨 때는 사건만 더 커지기도 한다. 그럴 때는 무대응이 방법이다. 무대응도 대응하는 방법의 하나이다. 아니 어떤 면에서는 무대응이 최선의 방법이다. 그러다 보면 제풀에 지쳐 없던 일이 된다. 세상에서 가장 공정한 신은 시간이란 신이다. 시간이 흐르면 많은 것의 진실이 밝혀지게 마련이다. 또 밝혀지지 않는다 해도 이 또한 어쩔 수 없는 일 아니겠는가?

무소유도 소유이다

공직자들은 주기적으로 재산신고를 한다. 금융자산과 증권, 자동차와 보석, 골프장 혹은 콘도 회원권, 아파트와 땅 같은 부동산 등등……. 재산의 형태는 다양하다. 만일 그들처럼 우리도 재산신고를 한다면 현재 여러분의 재산 상태는 어떤가? 지금에 만족하는가, 아니면 더 갖고 싶은가? 뭘 더 갖고 싶은가? 더 많이 가지면 더 행복할 거로 생각하는가? 행복할 수도 있고 그렇지 않을 수도 있다.

골프장 오너들과 몇 번 골프를 친 적이 있다. 이들은 골프보다는 관리에 신경을 썼다. 잔디 파인 곳은 없는지, 그린 상태는 괜찮은지, 조경은 제대로 됐는지, 사람들이 밀리지는 않는지, 그늘집 직원들은 친절한지 등등……. 그러다 보니 골프에 몰입하지 못했고 즐기지도 못했다. 골프를 정말 좋아한다면 절대 골프장을 소유해서는 안 된다는 사실을 깨달았다. 소유하면 즐기지 못한다. 즐기기 위해서는 소유하지 말아야 한다. 애인과 별장의 공통점은 무엇일까? 누구나 갖고 싶어하지만 갖는 순간 후회한다는 것이다. 관리가 힘들기 때문이다. 산이 아름다운 이유는 무엇일까? 산이 내 것이 아니기 때문이다. 북한산이 내 소유의 산이라면 어떨까? 내 산에 사람들이 함부로 가는 것도 신경 쓰이지 않을까? 거기서 추락사고가 날 때마다 가슴이 철렁 내려앉을 것이다. 소유란 무엇일까? 무언가를 소유한다는 것이 그렇게 가치 있는 일일까? 무언가를 소유함으로써 잃는 것은 없을까? 세상 어떤 일이든 얻는 게 있으면 잃는 게 있다. 그게 자연법칙이다. 소유에는 대가가 따른다.

난 무소유주의는 아니다. 하지만 무분별하게 뭔가를 사려는 것은 조심한다. 소유보다는 효용을 중시한다. 뭔가를 산 후 쓰지 않으면 그 자체가 스트레스가 된다. 내겐 차가 그렇다. 난 차를 리스로 쓰지만 거의 사용하지 않는다. 가끔 골프 치러 갈 때나 어머니를 만나러 갈 때 등 극히 제한적으로 사용한다. 4년간 3만 킬로미터도 쓰지 않았으니 낭비도 그런 낭비가 없다. 거의 하루 종일 주차장에 세워져 있다. 매일 서 있는 내 차를 지날 때마다 차가 원망하는 소리가 들린다. "주인님, 이럴 거면 왜 저를 소유하셨나요? 저는 고속도로를 달리고 싶답니다." 그런 말을 들을 때마다 난 미안한 생각이 든다. '이게 도대체 무슨 짓인가?' 하는 생각이 든다.

책도 그렇다. 책 소개하는 게 직업이라 남들보다 많이 사고 많이 들어온다. 하지만 책을 읽은 후 그 책을 다시 읽을 일은 거의 없다. 당연히 다른 곳에 주어 다른 사람이라도 보게 하고 싶다. 귀찮아 제대로 못 하지만 그런 것도 스트레스가 된다. 지식에 관해서도 난 무소유를 주장한다. 강의하는 사람들이 파워포인트 밑에 카피라이트 바이 어쩌고 하고 써둔 걸 보면 내심 '그딴 걸 해서 뭐 해? 그게 정말 당신 지식이야? 지식이란 모든 사람이 많이 공유해야 가치 있는 거 아니야?'란 생각이 든다. 그런 면에서 난 카피레프티스트이다. 내가 가진 지식은 내 것이 아니고 내가 가진 지식은 가능한 많은 사람이 공유해야 가치가 있다고 생각한다.

그런 면에서 요즘 유행하는 공유경제는 바람직하다. 20년 전 제러미 리프킨이 『소유의 종말』이란 책에서 예측한 소유의 종말이 실용화되고 있는 것이다. 공유경제란 무엇일까? 광고회사 웰컴의 김지윤 부사장은 공유경제를 '무소유의 소유'란 말로 압축한다. 아무도 소유하지 않지만 모두가 소유한다는 것이다. 참 절묘한 표현이다. 내 자동차는 없지만 필요할 때 쓸 수 있다. 내 별장은 없지만 필요할 때 쓸 수 있다. 사실 냉정하게 생각해서 이 세상에 내 것이 어디 있는가? 다들 어디선가 온 것이고 내가 죽으면 다 내 것이 아닌 것이다. 그런 면에서 소유에 대한 생각을 정리해야 한다. 소유보다는 공유에, 소유보다는 효용성에, 소유보다는 존재에 관심을 두어야 한다.

소유 관련해서는 내가 좋아하는 법정 스님이 최고의 지존이다. 그는 이렇게 말한다. "무엇인가를 소유한다는 것은 한편으로는 소유를 당하는 것이며 무엇인가에 얽매인다는 뜻이다.

무엇인가를 가질 때 우리의 정신은 그만큼 부자유해지며 타인에게 시기심과 질투와 대립을 불러일으킨다. 적게 가질수록 더욱 사랑할 수 있다. 어느 날인가는 적게 가진 그것마저도 다 버리고 갈 우리 처지 아닌가. 소유한 것을 버리고 모든 속박에서 그대 자신을 해방시켜라. 그리고 존재하라. 인간의 목표는 풍부하게 소유하는 것이 아니고 풍성하게 존재하는 것이다. 크게 버리는 사람만이 크게 얻을 수 있다. 아무것도 갖지 않을 때 비로소 온 세상을 갖게 된다는 것은 무소유의 또 다른 의미이다. 소유물은 우리가 그것을 소유하는 이상으로 우리 자신을 소유해버린다. 그러므로 필요에 따라 살아야지 욕망에 따라 살아서는 안 된다. 욕망과 필요의 차이를 구별할 수 있어야 한다."

알아야 질문한다

주변에 걱정되는 사람들이 많다. 아이들은 아직 어린데 회사에서 구조조정의 압력을 받고 있는 사람들이다. 그들 역시 자신의 문제를 알고 있다. 하지만 걱정만 할 뿐 걱정거리를 없애기 위해 별다른 일을 하지는 않는다. 무엇보다 그들은 질문하지 않는다. 호기심도 없다. 거기에 관한 얘기를 회피한다. 그들이 걱정거리를 없애기 위해 하는 유일한 일은 비슷한 사람들을 찾아다니는 것이다. 이미 회사를 그만둔 사람, 회사를 그만둘 예정인 사람들과 주로 논다. 그런 사람들과 놀다 보면 얻는 것이 있다. 우선 자신만 이런 어려움에 부닥친 것이 아니란 사실이다. 혼자 당하는 것보다는 같이 당하는 게 낫기 때문에 그나마 위로가 된다. 재수가 좋으면 자신보다 훨씬 상태가 좋지 않은 사람을 발견하기도 한다. 그럼 내심 '내가 쟤보단 낫네.'라고 생각하면서 며칠간은 속 편하게 지낼 수 있다.

그들의 가장 큰 문제는 기존에 자신이 하던 일 외에는 아무 관심도 흥미도 없다. 당연히 호기심도 없고 질문도 하지 않는다. 호기심도 없고 질문도 없으니 발전할 수 없다. 그들의 수준은 학교를 졸업하고 자신이 속했던 조직에서 경험한 것의 틀을 벗어날 수 없다. 비슷비슷한 사람들과 매일 밥 먹고 등산하니 생각 자체도 거기에 머문다. 발전 자체가 불가능하다. 발전은 언제 일어나는가? 새로운 것에 호기심을 갖고 질문하고 공부하면서 발전한다. 세상에서 가장 위험한 일은 현재의 자신에 만족하며 거기에 머무는 것이다. 이만하면 됐다고 생각하면서 더 이상 배우기를 멈추는 것이다. 박사학위를 딴 후 더 이상 발전하지 못하는 사람, 취직한 후 자기 일은 끝났다고 생각하는 사람, 변호사 따는 것을 인생목표로 생각하는 사람은 그런 면에서 위험하다. 목표를 달성하는 순간 삶의 의미를 잃기 때문이다.

난 말이 통하는 사람을 좋아한다. 다양한 소재를 가진 사람을 좋아한다. 호기심이 많고 좋은 질문을 하는 사람이 좋다. 현재 자신이 하는 일에 대해 통찰력을 갖고 계속 공부하는 사람을 좋아한다. 상대에게 관심을 두고 뭔가를 물어보고 그 과정을 통해 화학반응을 일으키는 사람이 좋다. 반면 질문이 없고 호기심이 사라진 사람들과의 대화는 좋아하지 않는다. 남 얘기하는 사람도 싫어한다. 나와는 아무 상관 없는 사돈의 팔촌 얘기를 길게 하는 사람도 질색이다. 정치인과 연예인을 주제로 오래 얘기하는 것도 별로 좋아하지 않는다. 이들을 보면 할 얘기가 있는 게 아니라 뭔가 얘기를 하기 위해 불필요한 얘기를 자꾸 한다는 생각이 든다. 무엇보다 호기심이 없고 질문하지 않고 자기 얘기만 하는 사람을 싫어한다.

근데 왜 이들은 질문하지 않는 것일까? 왜 이들에게는 호기심이 없을까? 공부하지 않기 때문이다. 아는 것이 없기 때문이다. 아무것도 모르면 질문할 수 없다. 질문은 어느 정도의 지식이 있어야 가능하다. 질문은 내가 아는 것과 더 알고 싶은 것 사이의 갭을 줄이기 위해 나오는 것이다. 호기심도 그렇다. 평생 책 한 권 읽지 않고 신문 한 장 보지 않는 사람에게 호기심은 존재하지 않는다. 심리학자 대니얼 벌라인은 호기심에 대해 이렇게 주장한다.

"호기심은 지식에 의해 생겨나는 동시에 지식의 부재에 의해 촉발된다. 어떤 정보와 접하면 그것이 무지를 자극해 알고자 하는 욕망을 불러일으킨다. 어떤 주제에 대해 무언가를 알게 되면 그 주제에 대해 모르는 것이 많다는 사실을 알게 되고 간극을 좁히고 싶은 욕망이 생긴다. 음악적 뇌가 불협화음에 반응하듯 과학적 호기심은 지식의 빈틈, 지식의 간극에서 나온다."

한 마디로 호기심이 생기려면 관련해 일정 지식이 필요하다는 것이다. 아는 것이 없으면 호기심도 질문도 나올 수 없다는 것이다.

왜 사는 것이 힘들까? 세상은 빠른 속도로 변하는데 적응하지 못하기 때문이다. 기존의 알량한 지식을 갖고 더 이상 먹고살기가 어렵기 때문이다. 방법은 한 가지뿐이다. 세상의 변화를 알기 위해, 자신을 알기 위해 공부를 하는 것이다. 책을 읽고 다른 사람을 만나보면서 새로운 것을 공부해야 한다. 현재 아는 것과 더 알고 싶은 것 사이에 간극을 발견해야 한다. 정보 간극을 줄이고 싶은 충동을 느껴야 한다. 그게 호기심이다. 호기심이 있어야 질문하게 된다.

상술의 역설

크리스마스에는 외식하지 않는 것이 좋다. 웬만한 식당은 기존 메뉴를 팔지 않고 특별메뉴란 이름으로 코스 요리를 팔기 때문이다. 가격은 당연히 높다. 다른 옵션이 없다. 다들 밖으로 나오기 때문에 이 기회에 한몫 챙기자는 얄팍한 상술이다. 이로 인해 부자가 된 음식점이 있는지 궁금하다.

메뉴를 보면 좋은 식당인지 아닌지 알 수 있다. 고급식당일수록 메뉴가 심플하다. 한두 개인 경우가 많다. 최고급 식당은 아예 선택의 여지가 없다. 주방장이 그날그날 주는 대로 먹는다. 메뉴가 바뀌는 것이다. 싸구려 식당은 수십 가지의 메뉴가 있다. 김밥부터 육개장까지 안 되는 것이 없다. 양식부터 중식까지 지구상에 있는 모두 음식이 가능하다고 주장한다. 난 그런 음식점에 갈 때마다 신선도에 의문을 품는다. 수십 가지 메뉴 중 지난 몇 주간 한 번도 찾지 않은 메뉴가 있을 텐데 과연 식자재가 신선할지 의심이 생기는 것이다. 왜 이들은 이렇게 수많은 음식을 다 하려고 하는 것일까? 손님 한 사람도 놓치고 싶지 않기 때문이다. 음식을 맛있게 하는 것은 별로 중요한 관심 사항이 아니다. 과연 이들이 돈은 벌고 있을까? 별로 그런 것 같지는 않다.

    누구나 이익을 좇는다. 최고의 이익을 추구한다. 어떤 방법이 있을까? 받을 건 최대한 받고 줄 건 최소한으로 주는 것이다. 물건으로 말하면 가격은 최고로 높게 받고 부품가격을 후려치고 직원 월급은 굶어 죽지 않을 정도로 주는 것이다. 근데 과연 이 방법이 작동할까? 높은 가격의 부작용은 없을까? 우선 경쟁자를 부른다. 인기가 높고 잘나간다는 소문이 나면 경쟁자는 나타나게 되어 있다. 1938년 개발된 나일론은 엄청난 인기품목이었다. 처음으로 칫솔이 만들어지고 덕분에 충치가 반으로 줄어들었다. 또한 나일론 스타킹은 수많은 여성의 사랑을 받았고 1940년 한 해에만 6,400만 켤레가 팔리면서 그해 모든 개발비를 회수했다.

    근데 나일론이 오랫동안 고객의 사랑을 받은 이유는 따로 있다. 바로 합리적 가격 정책이다. 당시 나일론은 최초의 인조섬유였고 경쟁자가 없었다. 그래서 얼마든지 높은 가격을 받을 수 있었지만 경영진은 대량생산을 통해 가격을 최대한 낮추었다. 그 결과 두 가지 이득을 얻을 수 있었다. 첫째, 경쟁자의 진입을 막을 수 있었다. 높은 가격이나 높은 이익률은 장기적으로 경쟁자를 불러들인다. 나일론은 받을 수 있는 가격의 반 이하로 책정됐다. 그러다 보니 경쟁자들은 오랫동안 이 시장에 들어올 수 없었다. 둘째, 고객의 사랑을 계속 받을 수 있었다. 낮은 이익을 추구했기 때문에 오랫동안 높은 이익을 누릴 수 있었다는 사실이 역설적이다. 근데 이게 진리이다.

코스트코는 물건값은 싸지만 품질이 좋다. 그래서 많은 사람의 사랑을 받는다. 잘되는 이유는 두 가지이다. 남들과 다른 발상을 하고 본질에 집중하는 것이다. 여러분은 만약 잘 팔리는 물건이 있다면 어떤 정책을 펴겠는가? 대부분은 가격을 올릴 것이다. 하지만 코스트코는 반대로 대량구매를 통해 가격을 낮췄다. 회사의 모든 정책이 거기에 맞춰져 있다. 월마트는 13만 종류의 상품을 취급하지만 여기는 4,000종류뿐이다. 한 카드 회사하고만 제휴하는 것도 그 때문이다. 영업이익률 15%에 마진은 2%에 불과하다. 더 많이 받게 되면 납품업체 혹은 고객이 힘들다고 생각한 것이다. 대신 회전율을 13회로 높였다.

메이저 골프대회인 마스터스는 순익이 300억 원이 넘는다. 상업화를 배제했기 때문이다. 관람에 방해되는 광고 입간판 하나 없다. 이곳은 선수와 갤러리 모두에게 최고의 경험을 주길 원했다. 그 결과 선수는 너무 출전하고 싶어하고 갤러리도 너무 보고 싶어하는 대회가 되었다. 상업성을 배제한 결과 최고로 수익성이 높은 대회가 되었다는 것이다. 돈을 원한다고 돈이 생기는 건 아니다. 명성을 좇는다고 명성이 생기는 것도 아니다. 오히려 결과물로 나타나는 것이 자연스럽다. 그게 자연법칙이다.

손해의 역설

당신은 뭔가를 결정할 때 어떤 기준점을 갖고 있는가? 보통 사람들은 자기에게 이익이 되는 결정을 내린다. 단 한 푼도 손해나는 결정을 절대 하지 않으려 한다. 그래서는 안 된다. 내가 손해 보는 결정을 해야 한다. 보통 사람들과 반대의 기준점이다. 왜 그럴까? 그럼 어떤 일이 벌어질까? 당연히 상대는 이익을 보고 그런 소문이 나면서 주변에 사람들이 몰려든다. 그와 함께하면 도움이 된다는 것을 알기 때문이다. 궁극적으로 손해를 본 당사자에게 도움이 된다. 반면 약삭빠르고 절대 손해 보지 않으려는 사람은 단기적으로는 이익이 될 것 같지만 장기적으로 패자가 된다. 사람들이 떨어져 나가기 때문이다.

나이 40에 물려받은 재산 없이 1,000억 원대의 재산을 모은 사람이 있다. 비결은 세 가지이다. 첫째, 약속을 철저히 지켜라. 둘째, 신뢰받는 사람이 되어라. 여기까지는 뻔한 스토리이다. 근데 마지막이 다르다. 어떻게 하면 같이 일하는 사람을 부자로 만들까를 고민해라. 생선 파는 사람이 있는데 그 사람은 저녁마다 생선요리를 하는 집에서 외식한다. 고객의 집을 방문하는 것이다. 그냥 먹는 게 아니라 먹은 후 주인과 주방장을 불러 꼭 코멘트를 한다. 이 생선은 굽는 것보다 졸이는 게 나을 것 같다, 소금을 덜 넣어봐라 등등······. 그 결과 생선가게는 나날이 번창하게 되었다. 바로 고객의 성공을 돕다 보니 온 결과이다. 가장 잡기 쉬운 쥐는 독 안에 든 쥐다. 근데 어떻게 하다 독 안에 든 쥐가 되었을까? 쌀이 가득한 독에 들어가 혼자 쌀을 배불리 먹다 벌어진 일이다. 몇 날 며칠을 독식하다 보니 밑바닥에 혼자 있게 되었고 독 안에 든 쥐가 된 것이다. 혹시 현재 당신 모습 아닌가? 독 안에 든 쥐가 되지 않으려면 어떻게 해야 하는가? 친구와 밧줄을 준비하면 된다. 쌀독을 발견한 후 같이 먹을 친구를 찾아 그 친구와 교대로 먹으면 독 안에 든 쥐가 될 걱정은 없다. 연세대 김형철 교수의 강의에서 들은 얘기이다.

얄미운 사람들이 있다. 똑 부러지는 사람들이 있다. 자신에게 손해나는 일은 조금도 하지 않으려 한다. 그들은 모든 일의 기준이 자신에게 이익이 되느냐, 아니면 손해가 되느냐이다. 돈과 관련한 것만이 아니다. 대화에도 나타난다. 대화를 독점하고 자신만 주목을 받으려 한다. 자기가 얘기할 때는 입에 침을 튀기면서 하지만 막상 다른 사람이 얘기할 때는 제대로 듣지 않는다. 딴청을 하거나 카톡을 들여다본다. 그래시 말하는 사람이 김이 샌다. 이런 사람은 오로지 눈에 자신만 보이는 사람들이다. 책임은 피하고 권한만 챙기려 하는 사람들도 비슷한 부류이다. 부모를 모시는 일에는 나 몰라라 하지만 막상 부모의 유산을 상속받을 때는 누구보다 큰 소리로 자기주장을 편다. 근데 과연 이렇게 이기적으로 행동하는 게 손익 면에서 어떨까? 난 부정적이다. 단기적으로는 이익이 될지는 몰라도 전체적으론 분명 손해를 볼 것이다.

재령 이씨 영해파 운악종가 17대손은 전 삼보컴퓨터 이용태 회장인데 그 집의 가훈은 "지고 밑져라."이다. 그는 "남에게 지고 밑져라. 남에게 밑져도 잘해주어라."란 말을 귀에 못이 박이도록 들으며 자랐다고 한다. 어쩌다 손님 중 어수룩한 사람이 집에 왔다 가면 할아버지는 "두고 봐라. 저런 사람이 나중에 복도 받고 자손이 잘된다."고 말했다. 당장에는 밑지고 지는 일을 하면 손해를 보는 것 같지만 결국 남의 마음속에 저축해 놓는 것과 같다는 것이다. 지고 밑지는 것이 결국은 이기는 것이란 지혜를 터득한 사람이다.

지혜는 늘 역설 속에 있다. 똑 부러지게 잘 따지는 것을 똑똑하다고 생각할 수 있다. 하지만 사실은 그게 가장 어리석은 행동일 수 있다. 그런 사람은 똑 부러질 가능성이 높다. 논쟁에서 이기는 사람은 사실 또 다른 적을 만들었을 수도 있다. 이익도 그렇다. 누구나 어떻게 행동하는 것이 이익이란 건 알고 있다. 근데 이익은 사람의 판단을 흐리게 만든다. 이익만을 좇다 보면 결국 모든 것을 다 잃는다. 아이를 키우고 결혼을 시키면서 가장 큰 소망이 생긴다. 자식들이 건강하고 잘살았으면 하는 바람이다. 그걸 실천하는 가장 확실한 방법이 하나 있다. 바로 이웃에게 덕을 베푸는 것이다. 자신이 좀 손해를 보더라도 상대에게 잘하는 것이다. 나만을 위하면 결국 나 자신을 해치게 된다. 남을 위하는 것이 결국은 나를 위하는 것이다.

잠의 역설

혼자 사시는 어머니는 십수 년째 수면제를 드셔야 잠을 주무신다. 탁구도 열심히 치고 자전거도 타고 다닐 만큼 운동량도 많은데 왜 그렇게 잠을 못 자는지 모르겠다면서 하소연을 하신다. 그러다 가끔 잘 주무신 날은 컨디션이 끝내준다. 목소리가 다르다. 날아갈 것 같다고 말씀하신다. 매일 이렇게 잘 잘 수 있다면 세상에 부러울 게 없다는 말씀을 하신다. 반면 이모님은 운동도 별로 안 하시고 신경 쓸 일도 많지만 잠을 잘 주무신다. 어머님은 건강 체질이지만 이모님은 그렇지 못하다. 이모님은 자신이 이 나이까지 버티는 건 잠을 잘 자기 때문이라고 말씀하신다. 그런 걸 보면 잠이 참으로 중요한 것이란 생각이 든다.

주변에 잠을 못 자는 사람들이 많다. 다들 나이가 들면서 나타나는 자연스러운 현상이라고 생각한다. 그럴 것 같긴 하다. 의사들도 괜히 애쓰지 말고 수면제를 먹으라고 권하기도 한단다. 난 잠을 잘 자고 내 아내도 잠을 잘 자는 편이다. 사람들은 어떻게 그 나이에 그렇게 잠을 잘 자느냐고 물어본다. 내가 왜 잘 자지? 남들과 다른 게 뭐가 있나를 생각해보다가 혹시 잠에는 이런 것이 중요하지 않을까를 정리해보았다.

첫째, 규칙성이다. 난 이게 가장 중요한 것 같다. 숙면을 위해서는 규칙적인 생활을 해야 한다. 뒤집어 얘기하면 불규칙적인 생활을 하면 숙면을 취할 수 없다는 것이다. 그런 면에서 시프트 근무를 하는 사람, 프로젝트 베이스로 일하느라 퇴근 시간을 조절할 수 없는 사람, 저녁 약속이 많은 사람은 숙면을 취하기 쉽지 않다. 난 매우 규칙적으로 생활하는 편이다. 그런 규칙이 깨지는 걸 좋아하지 않는다. 보통 8시 반에서 9시 사이에 잠자리에 들어 새벽 네 시쯤 일어난다. 8시 뉴스를 보다 보면 잠이 쏟아진다. 그때 쏟아지는 잠이 그렇게 달콤할 수 없다. 잠은 잠을 자야겠다고 의도한다고 오지 않는다. 잠이 찾아오게끔 생체리듬을 맞춰야 한다. 규칙적인 생활을 하다 보면 그 시간이 되면 저절로 잠이 오고 저절로 눈이 떠진다. 그런 나도 가끔 늦게 강의가 있는 날 혹은 저녁 약속이 있는 날은 잠을 잘 자지 못한다.

둘째, 잠을 잘 자기 위해서는 육체적인 일을 많이 해야 한다. 몸을 적당히 힘들게 해야 한다. 많이 걷거나 많이 움직여야 한다. 현대인들이 잠을 자지 못하는 주된 이유 중 하나는 몸을 쓰지 않기 때문이다. 사무실에 앉아서 컴퓨터만 들여다보고 회의만 하느라 몸을 움직이지 않았기 때문이다. 당연히 몸과

정신 사이의 균형이 깨져 있기 때문이다. 유격훈련 중에는 10분간 휴식시간에도 다들 곯아떨어진다. 나이가 들어 잠을 못 자는 이유 중 하나도 너무 몸이 편하기 때문일지 모른다. 난 일과를 짤 때 동선을 늘 생각한다. 어떻게 해서든 1만 보는 채우려 노력한다.

셋째, 잠을 잘 자기 위한 준비를 해야 한다. 난 저녁 7시가 넘으면 핸드폰을 진동 상태로 해서 서재에 갖다 놓는다. 취침 모드로의 변화를 위해서이다. 가능한 저녁 시간에는 말도 많이 하지 않는다. 6시쯤 아주 간단히 식사하고 소파에 앉아 텔레비전을 본다. 잠옷으로 갈아입고 이빨도 미리 닦는다. 잠이 오면 바로 잘 수 있게 만반의 준비를 한다. 침실은 어둡게 하고 침실에서는 잠 외에는 어떤 일도 하지 않는다. 신성한 의식을 하듯 잠을 준비한다. 사실 잠을 자는 것은 내게 그런 의식과 같다. 잠을 잘 자야 하루를 잘 마무리할 수 있고 밝은 내일을 맞이할 수 있기 때문이다.

그렇게 해도 가끔 잠을 못 자는 날이 있다. 이유 없이 잠이 안 온다. 이럴 때 난 무리해서 자려고 하지 않는다. 거실로 가서 책을 읽는다. 평소 잘 읽히지 않던 두꺼운 책이다. 마음속으로 이렇게 생각하면서 본다. "그래, 오늘은 잠 자는 것 포기하고 이 책이나 다 읽어야지. 절대 자지 말아야지." 그럼 어느 순간 잠이 온다. 어디선가 본 역설의 치료에서 배운 노하우이다. 잠을 자지 않겠다고 결심하면 잠을 잘 수 있지만 오늘 꼭 잠

자야지 하면 잠은 오지 않는다. 잠은 자는 시간보다 잠의 품질이 중요하다. 근데 잠의 품질을 어떻게 알 수 있을까? 자명종 같은 외부의 자극 없이 저절로 눈이 떠질 때까지 자는 것이다. 그럼 몸도 마음도 상쾌하다. 난 최근에는 자명종 없이 잠을 잔다. 그래도 늘 네 시에서 다섯 시 사이에 눈이 떠진다. 여러분의 잠은 어떤가?

단절의 역설

직장생활 할 때 가장 힘든 일 중 하나가 연결의 고통이었다. 하루 24시간, 1년 365일 회사와 연결되어 있다는 사실이 힘들었다. 상사는 나와 언제나 연결되길 바랐다. 심지어 연휴에도 나랑 연결되길 바랐다. 난 그게 싫었다. 그래서 비행기를 타고 장거리 출장을 가는 시간이 가장 행복했다. 그 시간만큼은 나만의 시간이었다. 계속 연결된 사람에게는 단절이 행복이고 기쁨이다. 반대로 늘 단절된 사람에게는 연결이 행복이다.

활발하게 SNS를 하는 사람들이 그렇다. 그들은 의도적인 연결을 희망한다. 온갖 달콤한 소리를 다 하고 만났으면 좋겠다는 얘기도 많이 한다. 근데 그게 진실일까? 그들이 사교적이고 연결의 욕구가 강할까? 난 아닐 것으로 예상한다. 늘 연결된 사람들은 뜻밖에 개인적일 가능성이 높다. 다른 사람들 생각이 궁금하다.

3장
반대에 감사하자

좋은 이별

회자정리會者定離. 만나면 반드시 헤어져야 한다는 말이다. 정말 모든 것이 그런 거 같다. 부모 자식도, 부부도, 친구도 그렇다. 대인관계만 그런 건 아니다. 나의 젊음도 그렇고 다니던 직장도 그렇다. 언젠가는 이 세상과도 헤어져야 한다. 중요한 건 헤어질 때 어떻게 헤어지냐는 것이다. 결론부터 얘기하면 잘 헤어져야 한다. 잘 헤어지지 못하면 후유증이 남아 좋지 않다. 사실 한 번도 그런 생각을 해본 적은 없다. 그런데 소설가 김형경의 『좋은 이별』이란 책을 보고 그럴 수 있겠다는 생각을 하게 됐다. 일부를 인용한다.

"로빈은 1953년 10월 뉴욕에서 죽었다. 로빈의 부모는 다음 날 골프를 쳤고, 그다음 날엔 간소한 추도식에 참석한 뒤 텍사스로 돌아왔다. 부시는 여동생이 아팠다는 사실을 동생이 죽고 나서 부모가 집으로 돌아온 뒤에야 알았다. 부시의 가족은 로빈이 코네티컷 주의 가족 묘지에 묻힐 때 집에 있었으며 장례식도 치르지 않았다. 애도할 줄 모르는 그들의 태도는 어린

부시에게 슬퍼할 기회를 주지 못했고 그 일로 인해 부시는 심각한 마음의 상처를 입었다. 초등학교 저학년 때 부시는 '부시테일'로 불렸는데 항상 정신없이 이리 뛰고 저리 뛰는 아이라는 뜻이었다. 그에게는 난독증과 언어 장애도 있었는데 그것 역시 불안 때문에 생긴 증상이었다. 지금도 그는 신문을 읽지 않으며, 한국을 거쳐 중국에 잠깐 다녀온 것을 제외하면 외국에 나간 일이 없고 아내와 24시간 이상 떨어져 지내지 못한다."

조지 부시가 정신적으로 불안한 이유가 여동생이 죽었을 때 제대로 헤어지지 못했기 때문이란 것이다. 그게 상처가 되었기 때문이란 것이다. 이 책의 내용은 명확하다. 만나는 것 이상으로 헤어지는 것이 중요하다. 충분히 슬퍼할 시간을 주어야 하고 슬픔을 해결할 수 있어야 한다. 그게 되지 않으면 문제가 된다. 그게 좋은 이별이다. 근데 이별의 대상은 사람뿐이 아니다. 내가 사랑하는 추상적인 것까지 포함한다. 젊음도 이별의 대상이다. 나의 풍성한 머리카락, 탄력 있는 살결, 좋았던 눈과도 헤어져야 한다. 절대 쉽지 않은 일이다. 직장생활을 오래 한 사람들에게는 직장도 이별의 대상이다.

나이가 들면 누구나 회사를 떠나야 하지만 직장인들은 이런 생활이 영원할 걸로 생각한다. 그래서 퇴직 후 패닉 상태에 빠지기도 한다. 그렇기 때문에 헤어질 때 잘 헤어져야 하고 환영회보다는 환송회를 잘해야 한다. 하지만 대부분 직장은 그렇지 않다. 환영회는 근사하게 하지만 나갈 때는 조용히 나가는 경우가 많다. 그렇게 되면 사람들은 배신감을 느낄 수 있다. 수십 년간 자신을 부려 먹다 헌신처럼 내팽개쳤다고 생각한다.

그런 면에서 부산의 리노공업이란 회사를 벤치마킹하는 게 좋다. 이 회사는 환영회보다는 환송회를 거창하게 한다. 정년 퇴임식에 많은 정성을 쏟는다. 현장의 말단사원이라도 전 직원이 모여 퇴임을 축하한다. 전 직원이 모여 식당에서 밥을 먹는데 이미 퇴직한 직원들까지 모인다. 직원들은 전별금과 선물을 준비한 후 전원 강당에 모인다. 대표와 동료들이 그에 대한 얘기를 하고 덕담을 한다. 이 행사의 하이라이트는 본인의 고별사이다. 현장에만 20년 이상 있었던 직원은 이런 얘기를 한다.

"전 이 회사 초창기에 들어왔습니다. 일찍 남편을 잃고 아들 하나를 키우며 살았습니다. 그 아들은 군대에서 부상을 당하면서 장애인이 됐습니다. 쉽지 않은 삶이었습니다. 그래도 리노공업이란 회사 덕분에 가정을 꾸릴 수 있었습니다. 만약 회사가 없었다면 제 인생도 없었을 겁니다. 그동안 회사와 동료들이 제게 베풀어준 사랑은 영원히 잊지 않을 겁니다. 정말 정말 감사합니다."

그러면서 눈물까지 흘렸고 동료들도 다 같이 눈시울이 뜨거워졌다. 나갈 때는 전 직원이 두 줄로 서서 오랫동안 고생한 사람을 박수로 보냈다. 아름다운 이별이다.

여러분은 최근 어떤 이별의 경험이 있는가? 앞으로 어떤 것과 이별할 것으로 예상하는가? 그 이별을 위해 무언가 준비를 하고 있는가?

궁리에 대하여

　글로벌 기업의 고위 임원에게 들은 얘기이다. 그는 능력을 인정받아 독일 본사에서 근무하던 중 갑작스럽게 해고통지를 받았다. 가족을 끌고 독일까지 와 일하던 중 그런 일이 벌어진 것이다. 그는 아는 헤드헌터에게 이메일을 넣어 자신의 상황을 설명하고 새로운 직업을 찾기 시작했다. 마침 다른 글로벌 기업에 빈자리가 생겨 지원의 기회가 왔다. 문제는 장소였다. 그는 독일에 사는데 인터뷰 장소는 서울이었다. 지원자는 그를 제외하고도 다섯 명이나 더 있었다. 1차에서 합격한다는 보장은 당연히 없었다. 서울까지 왕복 비행기값도 문제이고 회사에 휴가를 내기도 쉽지 않았다.
　당신 같으면 이 문제를 어떻게 해결하겠는가? 포기할 것인가, 아니면 무리해서 서울까지 갈 것인가? 그는 일단 전화 인터뷰가 가능한지를 물었다. 그쪽은 몇 가지 사항을 검토한 후 사정이 그러면 전화로 인터뷰해도 된다고 했다. 그래서 전화로 그쪽 사장과 인터뷰를 했다. 근데 예상을 깨고 그가 합격한 것이다. 대면 인터뷰를 한 다섯 명을 제치고 어떻게 전화 인터뷰를 한 그가 합격할 수 있었을까? 그는 절실했다. 여기서 떨어지면 문제는 심각해진다. 우선, 그는 전화 인터뷰가 유리한 점은 없을까를 생각했다. 당연히 있었다. 전화 인터뷰는 상대가 이쪽을 볼 수 없기 때문에 답안지를 만들어 그만이 볼 수 있다는 점이다. 그는 이 점을 최대한 활용했다. 프로필과 회사 관련 정보를 놓고 상대가 할 것 같은 예상질문을 만들어 거기에 대한 답을 쓰고 혼자 리허설을 여러 번 했다. 물론 키워드만 쓴 것이다. 시간대 때문에 집에서 할 수밖에 없었다. 그는 아내와 애들은 그 시간에 밖에 나가게끔 했다. 시간이 가까워지자 양복에 넥타이까지 갖춰 입고 전화를 기다렸다. 결과는 완벽 그 자체였다. 그가 생각해도 답변을 잘했던 것이다. 1차에 합격한 건 물론 2차 인터뷰를 위해 상대가 독일까지 찾아왔다. 불리한 상황을 유리하게 반전시킨 그 비결은 무엇일까? 바로 궁리이다.

'궁하다.' '궁색하다.'는 말이 있다. 한자로 궁窮이다. 뭔가 어렵고 힘든 상황이다. 궁을 파자하면 동굴 혈穴에 몸 궁躬이다. 동굴 안에 몸이 있는 형상이다. 동굴을 기어들어 가는데 더 이상 갈 곳이 없는 상황을 뜻한다. 그야말로 탈출구가 안 보이는 막막한 상황이다. 말 그대로 '어떻게 더 이상 해볼 도리가 없다.'는 말이다. 근데 궁이란 말에 반전이 있다. 대표적인 말이 궁즉변窮卽變, 변즉통變卽通, 통즉구通卽久이다. 궁하면 변해야 하고,

변하면 통하고, 통하면 오래갈 수 있다는 말이다. 궁하다는 것은 기존 상품이나 방법의 생명력이 다 되었다는 것이다.

예전 방식은 더 이상 통하지 않는다는 것이다. 개인이 실직하는 것, 식당에 손님이 떨어지는 것, 기업 이익이 줄어드는 것 등이 바로 궁이다. 대학의 위기 같은 것도 그렇다. 대학의 위기란 다른 말로 하면 더 이상 예전 방식의 커리큘럼, 교수 수준, 학과로는 어떻게 해볼 도리가 없다는 것이다. 변화하지 않으면 죽을 수밖에 없는 상황이다. 이럴 때 가장 필요한 것이 궁리窮理이다. 궁리는 다할 궁窮에 이치를 뜻하는 리理를 쓴다. 궁리란 궁할 때 이치를 발견할 수 있다는 뜻이다. 궁할 때야말로 길을 발견할 수 있는 때란 것이다.

살다 보면 누구에게나 궁의 순간은 찾아온다. 그럴 때 가장 필요한 게 바로 궁리이다. 이렇게도 해보고 저렇게도 생각해 보면서 방법을 찾는 것이다. 해법이 있을 만한 사람에게 물어보고 관련 책을 읽는 것도 좋은 방법이다. 그러다 보면 탈출구가 보인다. 근데 그런 사람은 별로 없다. 그저 걱정하거나 한탄을 한다. 궁하지만 궁리를 하지 않는 사람도 많다. 문제가 자신에게 있다고 생각하지도 않고 문제가 있다는 건 알지만 해결 방법 또한 찾으려 하지 않는다. 당연히 계속해서 궁한 상태로 머물게 된다. 궁하기 전에 이치를 찾는 사람은 고수이다. 기업 용어로는 잘나갈 때 비용절감을 하고 구조조정을 하는 것이다. 궁한 상태가 될 때 비로소 이치를 찾는 사람은 그다음 단계이다. 회사가 어려워진 이후에 방법을 찾는 것이다. 그런대로 괜찮다. 최악은 궁한 상태가 되어도 이치를 찾을 생각을 하지 않는 사람이나 조직이다. 이런 개인이나 조직은 어찌해볼 도리가 없다. 여러분은 어떤 사람인가?

꿈을 조심하라

사람들 대부분의 고민은 돈이다. 돈 문제만 해결되면 만사형통인데 돈이 없어서 모든 것이 꼬인다고 생각한다. 근데 과연 문제의 원인이 돈일까? 돈만 있으면 내가 가진 모든 문제를 해결할 수 있을까? 돈이 해결사가 아닌 명백한 증거가 있다. 갑자기 돈이 생긴 사람들이 어떻게 살고 있는지를 보면 된다.

로또 당첨자들을 추적 조사한 보고서를 본 적이 있다. 결론은 당첨자의 95%가 불행해졌다는 것이다. 이유는 이렇다. 로또는 대부분 못사는 사람들이 산다. 원래 못살던 사람들이다. 지금 살기 어렵기 때문에 당첨을 통해 인생을 역전시키고 싶은 욕구가 강하다. 잘사는 사람들은 로또를 잘 사지 않는다. 설혹 로또를 사더라도 재미로 할 뿐이다. 되면 좋지만 안 돼도 아무 상관이 없다고 생각한다. 로또 당첨은 어마어마한 돈을 가져다준다.

한 달에 100만 원 갖고 살던 사람이 갑자기 100억 원이란 돈이 생겼다. 어떤 일이 생길까? 우선, 직업적인 건 어떻게 될까? 두 부류가 있다. 한 부류는 예전 직업을 바로 그만둔다. 또 다른 부류는 자기 직업을 계속하려고 한다. 근데 그게 만만치 않다. 우선 직장 동료들이 가만있지를 않는다. 자꾸 수군거린다. "그렇게 돈이 많은데 몇 푼 더 벌겠다고 웬 궁상이냐? 혹시 다른 꿍꿍이가 있는 것 아니냐? 우리와 급이 달라졌는데 계속 다니는 건 염장에 불을 지르겠다는 것 아니냐? 등등." 자신을 대하는 것도 달라져 서로 불편해진다. 본인 의지와 달리 직업 유지가 쉽지 않다.

다음은 부모 형제를 비롯한 친척들도 달라진다. 가난할 때는 별다른 요구가 없었는데 당첨 후 각종 민원이 봇물 터지듯 터진다. 부모는 그만 보면 이런 얘기를 한다. "너만 잘살면 어떡하느냐? 못사는 동생네도 좀 도와야 하는 것 아니냐?" 형제들은 형제들대로 각종 민원을 갖고 온다. "애가 유학을 가고 싶어하는데 좀 도와줄 수 있겠니? 다니던 회사를 그만두고 사업을 하려는데 1억 원만 빌려주라." 외식하거나 무슨 행사가 있을 때도 그가 모든 비용을 내야만 한다. 그걸 당연하게 생각하고 고마워하지도 않는다. 공짜로 목돈이 생겼는데 그 정도도 내지 못하느냐는 식이다.

도움을 거절하면 욕을 덤터기로 뒤집어쓴다. 이런 일을 겪으면 정말 열 받는다. 미치고 환장하게 된다. 사이 좋았던 배우자하고도 갈등이 생긴다. "당신이 당첨되었지만 내게도 몫이 있다고 생각한다. 내게는 얼마나 줄 예정이냐? 본가만 도와주면 어떡하느냐, 우리 친정도 필요한 게 많다." 또 어떻게 알았는지 쓰레기통에 파리 끓듯이 지인이나 동창이 말도 안 되는 사업을 갖고 와 투자를 해달라고 난리를 친다. 생각만 해도 머리가 지끈지끈하다. 그럼 어떤 일이 일어날까?

우선, 직업을 그만두게 된다. 아니, 그만두고 싶지는 않지만 눈총이 무서워 그만둘 수밖에 없다. 살던 동네에서 계속 살기도 어렵다. 돈이 있으니 일단 부자동네로 이사한다. 갑작스러운 신분상승이 일어나는데 이게 또 다른 비극의 시작이다. 부자 애들이 다니는 학교에 가게 되는데 가장 먼저 애들이 갈등을 겪게 된다. 이곳 학교에 있는 애들은 다들 부모들이 한가락 하는 사람들이다. 의사, 변호사, 교수, 사업가 등등……. 이들은 서로 친구들 부모가 뭐 하는 사람인지 잘 알고 있고 그것에 큰 자부심을 품고 있다. 당연히 새로 전학 온 애한테도 아버지 직업을 묻는다. 근데 답변하기가 쉽지 않다. 이곳에 올 형편은 아닌데 로또가 당첨되어 이곳에 왔다고 얘기할 수는 없다. 본인도 아내도 동네 사람들 사귀기가 쉽지 않다. 차, 아파트, 생활집기 같은 것은 돈으로 할 수 있지만 사람 수준을 한꺼번에 끌어올릴 수는 없기 때문이다.

무엇보다 직업적인 것이 문제이다. 놀면서 이 동네에 계속 살 수는 없다. 그렇다고 다시 직장생활을 하기는 어렵다. 방법은 창업뿐이다. 근데 아는 게 없다. 당연히 다른 사람 말을 듣고 창업을 결심한다. 치킨집을 하는 것이 아니므로 그런 사업은 대부분 투자금이 엄청나다. 당첨금의 반 정도를 투자해야 하는 경우도 있다. 잘 모르는 곳에 다른 사람 말만 듣고 투자했으니 사업이 제대로 돌아갈 리 없다. 파악하고 싶어도 아는 게 없으니 파악을 할 수 없다. 투자를 권유한 사람은 사기꾼일 가능성이 높다. 이런저런 이유로 자꾸 추가적인 돈을 요구한다. 당연히 사업은 안 되고 2~3년 후 만세를 부르게 된다. 투자금을 회수하기는커녕 빚만 잔뜩 지게 될 가능성이 높다. 그 과정에서 가족과도 멀어지고 아내와도 이혼한다. 결론은 왕따에 알거지이다. 로또의 꿈은 결국 일장춘몽으로 끝난다. 망하지 않은 5%는 과연 어떤 사람들일까? 원래 잘살던 사람들이다. 이들은 재미 삼아 로또를 했는데 100억 원이 생겼다고 달라질 게 없는 사람들이다. 원래 살던 라이프스타일을 유지한다. 어디에 쓸데없이 투자할 필요가 없고 주변에서 그를 다르게 보지 않는다.

돈이 모든 문제를 해결해줄 수 있을 걸로 생각했다. 하지만 사실 문제의 원인은 돈이 아닌 개인이 지닌 역량과 라이프스타일의 문제였던 것이다. 사람은 자기 그릇 크기만큼 살게 되어 있다. 그게 자연의 법칙이다. 우연히 돈벼락을 맞더라도 그걸 지킬 수 있으려면 자기 그릇을 키워야 한다. "네가 원하는 것을 조심해라. 그런 일이 일어날지도 모른다Be careful what you wish for, it might be happen."란 말이 있다. 그런 면에서 우리가 가진 꿈을 조심해야 한다. 자칫하면 그 꿈이 이루어질 수 있기 때문이다.

그래서 난 로또를 하지 않는다. 그 돈을 지킬 자신이 없기 때문이다.

실패의 역설

1997년 세계적인 광고회사 사치앤사치의 캐빈 로버츠는 도탄에 빠진 회사의 경영을 맡게 됐다. 그는 취임하면서 세 가지를 얘기했다. 첫째, 목적 지향적 회사를 만들겠다. 둘째, 인력 변화는 없다. 셋째, 성과를 공유하겠다. 2년 뒤 이 회사 주가는 1.1파운드에서 5파운드로 올랐다. 거의 다섯 배 정도 성장한 것이다. 그는 에너지가 넘치고 긍정적인데 그가 내건 구호는 불가능은 없다Nothing is impossible!! 하나의 팀 하나의 꿈One team One Dream이다. 약간 1970년대 느낌이 나긴 하지만 그런대로 그가 어떤 사람인지 무얼 주장하는지는 느낌이 온다.

그는 경쟁력을 네 가지로 정의한다. 첫째는 IQ이다. 머리가 좋다는 IQ가 아니라 빨리 실패하고 빨리 배우고 빨리 고치는 것이다Fail fast, learn fast, fix fast. 둘째는 EQ이다. 고객의 행동을 읽어내는 능력을 말한다. 셋째는 TQ이다. 기술력의 차이를 만들라는 것인데 기술의 노예가 되지 말고 기술을 노예로 만들라고 주문한다. 마지막은 BQ이다. 속도의 빠르기Bloody Quick의 준말인데 빠른 대응능력을 말한다. 이유는 바로 세상의 특성 뷰카VUCA 때문이란 것이다. 뷰카는 변동성Volatility, 불확실성Uncertainty, 복잡성Complexity, 모호성Ambiguity의 약자이다. 변동적이고 불확실하고 복잡하고 애매모호하다는 것이다. 세리CEO와의 인터뷰에서 그가 밝힌 내용이다.

난 세 가지 측면에서 이 내용이 맘에 든다. 첫째 그는 뷰카란 함축적인 말을 통해 세상 변화를 알아듣기 쉽게 표현했다. 둘째는 경쟁력의 정의이다. 고객의 입장에서 기술의 노예가 되지 말고 질질 끌지 말고 빨리 행동에 옮기라는 것이다. 마지막으로 가장 마음에 드는 것은 바로 IQ의 정의이다. 요즘 같은 시대에 언제 기획하고 회의하고 할 거 다 하면서 일을 하느냐, 빨리빨리 시도하고 실패하고 거기서 배우고 고치라는 것이다. 난 정말 그게 마음에 든다.

사람들은 실패를 두려워한다. 실패하면 무슨 죄를 지은 사람처럼 살아야 한다고 생각한다. 실패하지 않는 방법이 있긴 하다. 아무것도 하지 않고 시키는 일을 딱 기본만 하는 것이다. 규정에서 벗어난 일은 절대 하지 않는 것이다. 절대 새로운 일에는 도전하지 않는 것이다. 조금이라도 리스크가 있는 일은 아예 하지 않는 것이다. 삶의 모토를 안정으로 정하고 확실한 거 아니면 아무것도 하지 않는 것이다. 그럼 절대 실패하지 않는다. 대신 아무것도 배우지 못한다. 발전하지도 못하고 지금 사는 것에서 절대 벗어나지 못한다. 아니, 뒤로 후퇴할 가능성이 높다.

실패한다는 것은 지금보다 나아지기 위해 궁리를 하고 뭔가 새로운 시도를 한다는 증거이다. 당연히 실패의 가능성이 있다. 하지만 뭔가를 배울 수 있다. 적어도 이렇게 하면 실패할 수 있다는 사실은 알 수 있다. 실패해봐야 자신이 어떤 사람인지 알 수 있다. 실패해봐야 세상이 만만치 않다는 것도 알고 남의 돈 먹기가 쉽지 않다는 사실도 알 수 있다. 또 내가 어려우면 대부분의 사람들이 고개를 돌린다는 사실도 알 수 있다. 한 마디로 철이 드는 것이다.

한 번도 넘어지지 않고 자전거를 탈 수는 없다. 실패 없이 단숨에 성공하는 것은 불가능하다. 세상의 모든 성공은 실패를 딛고 넘어섰을 때 주어진 결과물이다. 헨리 포드는 첫 자동차에 후진 기어를 장착하지 않았다. 상상이 되는가? 마이클 조든은 고교 시절 농구팀에서 잘렸다. 이후 그가 농구를 포기했다면 어땠을까? 비틀스는 데카 레코드사 오디션에서 탈락했다. 존 그리샴의 첫 소설은 열여섯 명의 중개인과 열 명이 넘는 편집자로부터 모두 거절을 당했다.

만일 이들이 포기했다면 어땠을까? "성공률을 높이고 싶다면 실패율을 두 배로 늘려라." IBM을 만든 토마스 왓슨의 이야기이다. 그걸 보면 실패는 성공의 어머니란 사실은 틀림없는 것 같다. 어떤 면에서 가장 위험한 건 한 번도 실패하지 않고 계속해서 탄탄대로를 걷는 사람이다. 이런 사람은 실패에 대한 면역력이 없어 별거 아닌 일에도 힘없이 무너진다. 실패하느냐, 하지 않느냐는 중요하지 않다. 실패했을 때 무얼 배우고 힘차게 일어나느냐가 중요하다.

실패를 딛고 일어선 대표선수는 '해리 포터 시리즈'를 쓴 조앤 롤링이다. 그녀는 2008년 하버드대 졸업식에서 이렇게 얘기했다.

"여러분은 실패에 익숙하지 않습니다. 성공에 대한 열망만큼이나 실패에 대한 공포가 여러분의 행동을 좌우할 것입니다. 저는 대학을 졸업하고 7년간 엄청난 실패를 했습니다. 결혼에 실패하고 실업자에 싱글맘인 저는 누가 봐도 실패한 사람이었습니다. 그 시기에 저는 정말 힘들었고 실패의 터널이 언제 끝날지 알 수 없었습니다. 제가 왜 실패의 미덕에 대해 말하려는 걸까요? 실패가 삶에서 필요한 것에 대해 말해주었기 때문입니다. 저 스스로 기만하는 것을 그만두고 가장 소중한 일에 에너지를 집중할 수 있었습니다. 가장 두려워하던 실패가 현실이 되자 오히려 저는 자유로울 수 있었습니다."

뭔가 하고자 하는가? 가능한 한 빨리 실패하고 거기서 빨리 배우고 그걸 고치면서 나아가라.

가장 큰 리스크

불황에 취직이 잘되지 않으니까 공무원 시험에 사람들이 몰리고 있다. 일반 기업에 다니던 사람들도 회사를 그만두고 다시 공무원 시험을 준비하기도 한다. 가장 중요한 이유는 안정적이기 때문이다. 일반 기업은 망할 가능성도 높고 이른 나이에 잘릴 수도 있다. 하지만 공무원은 60세까지 직업이 보장되기 때문이다.

난 이런 얘기를 들을 때마다 여러 가지 의문점이 생긴다. 그들이 생각하는 안정이란 무엇일까? 내가 생각하는 그들의 안정은 이렇다. "취직만 하면 아무런 노력을 하고 싶지 않다. 남들이 만들어놓은 규정대로 딱 정해진 시간만 일하겠다. 그 일의 성과나 보람 따위는 나와는 상관없다. 난 그저 60까지 월급을 꼬박꼬박 받는 게 목표다." 좋다. 그런 생각을 할 수는 있다.

근데 과연 이런 바람이 현실성이 있을까? 아무리 철밥통 공무원이라도 이렇게 별다른 노력을 하지 않고 30년을 버틸 수 있을까? 쉽지 않을 것이다. 일반 기업보다 조금 사정이 나을 수는 있지만 생산성 향상의 압력을 피할 수는 없다. 공공조직도 생산성이 떨어지면 구조조정의 압력을 받게 될 것이다. 조직이 살아남고 개인도 60세까지 월급을 받는다 쳐도 그렇게 사는 게 바람직하지는 않을 것이다.

무엇보다 인간으로 별 보람을 느끼지 못할 것 같다. 이런 삶은 노예의 삶과 다를 바 없다. 보람, 성장, 향상 같은 단어와는 아무 상관이 없는 삶이다. 하기 싫은 일을 억지로 하면서 매달 돈을 받는 삶이 우리가 꿈꾸는 삶은 아닐 것이다. 회사를 나온 후에도 문제가 된다. 그렇게 발전하지 못 한 사람에게 제2의 삶은 존재할 수 없다. 30년 동안 아무 발전을 못 한 사람을 필요로 하는 조직은 없기 때문이다.

변화 속도가 점점 빨라지고 있다. 지식의 반감기도 짧아지고 있다. 제품의 라이프사이클도 짧아지고 있다. 그런 시대에 안정을 추구한다는 것 자체가 말이 되지 않는다. 태풍에 파도가 치는데 자기 배만 가만히 있기를 기대하는 것과 같다. 이럴 때 최선은 변화 속도에 맞춰 자신도 끊임없이 변화하는 것이다. 존재하지 않는 것, 존재할 수 없는 것을 추구하는 것만큼 허망한 일은 없다. 세상이 변할 때는 같이 변해야 한다. 그럴 수밖에 없고 그렇게 하는 것이 유리하다. 길이 미끄러울 때는 미끄럼을 타는 것이 안정적인 것과 같은 이치이다.

『주역』은 변화에 관한 책이다. 변화는 좋고 변하지 않는 것은 좋지 않다. 변할 수 있는 것은 좋고 변할 수 없는 것은 좋지 않다는 기본 사상이 있다. 그것의 대표가 태괘泰卦와 비괘否卦이다. 가장 좋은 비괘는 하늘이 위에 있고 땅이 아래 있다. 정상이고 아무 문제가 없다. 근데 불길하고 좋지 않다고 해석한다. 왜 그럴까? 안정적이라 관계가 발생하지 않는다는 것이다. 변화의 필요성이 없어서 좋지 않다는 해석이다. 태괘는 반대이다. 땅이 위에 있고 하늘이 아래 있다. 위와 아래가 뒤집어져 있다. 불안하고 비정상이다. 그래서 변화하려고 꿈틀거린다. 변화의 다이내믹스가 존재한다. 그래서 길하다는 것이다. 한마디로 안정은 불길한 것이고 불안정은 길하다는 것이다. 안정을 추구하는 것, 그 자리에 머물려고 하는 것, 변화를 거부하는 것은 불길하고 대신 기꺼이 변화하려는 것, 리스크를 지고 새로운 일에 도전하는 것을 길하다고 하는 것이다.

 세상에 리스크를 좋아하는 사람은 없다. 변화를 즐기는 사람도 없다. 대부분 안정을 원한다. 근데 세상에는 안정 대신 리스크만 존재한다. 리스크를 줄여야 한다. 리스크를 줄이는 최선의 방법을 알고 있는가? 리스크를 과감하게 껴안는 것이다. 반대로 가장 큰 리스크는 리스크를 지지 않으려고 아무것도 하지 않는 것이다. 당신은 현재 어디에 속하는가?

지는 것이 이기는 것이다

강의를 갔다가 한 분을 알게 됐다. 나름 그 동네에서 인맥이 제법 있고 뭔가를 만들어내는 데 재능이 있었다. 그분은 내게 이런 제안을 했다. "이 동네에도 중소기업이 많습니다. 근데 중소기업 사장들은 강의 들을 기회나 자문받을 기회가 상대적으로 적습니다. 그럴 만한 여력도 없습니다. 제가 그런 사람들을 모을 테니 하루 잡아 강의도 해주시고 자문도 해주시면 어떨까요?" 마다할 이유가 없었다. 몇 달 후 사장님 몇 사람을 모았으니 시간을 내달라고 해서 그렇게 했다.

그 전날 가서 자고 아침부터 미팅을 시작했다. 제법 큰 회사의 사장과 8시 반부터 두 시간 얘길 듣고 얘기를 나누었다. 11시부터는 다섯 분의 중소기업 사장들과 서너 시간에 걸쳐 점심도 하면서 많은 얘기를 나눴다. 사전에 여러 정보를 수집했고 미리 고민거리를 알았기 때문에 나름 효과적으로 조언할 수 있었다. 그분들과 종일 미팅을 하느라 파김치가 된 몸을 이끌고 서울로 돌아왔다. 다음 날 이런 이메일이 왔다. "수입이 얼마였습니다. 식사 비용과 장소 비용으로 100만 원을 썼고 사전에 그들을 설득하느라 돈을 많이 써서 남는 돈이 얼마 없습니다. 게다가 제가 요즘 돈이 없는데 이번에는 공짜로 해주면 안 될까요?" 황당했다. 그래도 어쩌겠는가? 그러자고 답신을 보냈다. 수입도 얼마 안 되는데 왜 그렇게 호화스러운 곳을 장소로 잡았는지 이해할 수 없었다. 따지고 싶었지만 나름의 사정이 있을 것 같아 아무 말 하지 않았다.

  나는 따지는 걸 잘하지 못한다. 아니, 좋아하지 않는다. 무엇보다 갈등 상황을 싫어한다. 갈등 상황을 만들지 않고 그런 상황에 부닥치면 피하든지 양보함으로써 해결하려 한다. 오래된 내 습관이다. 그러다 보면 싸울 일이 없어진다. 난 집에서건 밖에서건 싸운 기억이 거의 없다. 우선, 따진다고 문제가 해결될 것 같지 않기 때문이다. 해결된다고 해도 그 과정에서 서로 상처를 입을 수 있다. 무엇보다 그렇게 해서까지 내 몫을 챙기고 싶지 않다. 사실 잃을 것도 없다. 내 돈과 시간을 조금 쓰긴 했다. 하지만 모르는 사람을 위해서도 그러는데 아는 사람을 위해 그 정도 못하겠는가? 무엇보다 그렇게 하면 마음이 편하다. 아마 이번 일로 그분과는 더 친해질 수 있을 것이다.

  요즘 주변에 고소 고발 사건이 너무 많다. 개인들이 알아서 하면 될 것까지 다 법정으로 들고 간다. 한쪽이 고소하면 다른 쪽은 무고죄로 맞선다. 회사 일은 물론 가정사까지 다 법정에서 해결하려고 한다. 과연 판사와 변호사가 모든 일을 해결할 수 있을까? 그 과정에서 발생하는 시간과 비용의 낭비는 얼마나 큰가? 무엇보다 큰 것은 감정의 낭비이다. 쓸데없이 상대를 미워하게 될 것이다. 법정공방은 원고나 피고를 모두 피폐하게 만들 것이다. 그런 면에서 난 "싸우면서 정이 든다."라는 말을 싫어한다. 아니, 어떻게 싸우면서 정이 드는가? 싸우면 상처가 남는 거 아닐까? 부부싸움은 칼로 물 베기란 말도 좋아하지 않는다. 부부싸움도 싸움이다. 싸움하다 보면 할 말 못 할 말 할 것이다. 해서는 안 될 말도 할 것이다. 싸움이 끝나도 그 말은 계속 머릿속에 남을 텐데 어떻게 아무 일 없던 것처럼 살 수 있을까?

내가 생각하는 싸움은 나무에 못질하기와 같다. 화해를 못 하고 지내는 건 못이 박힌 채로 사는 것이고, 싸움이 끝난 후 화해한 것은 나무에 박힌 못을 빼내는 것과 같다. 근데 못을 빼냈다고 나무에 못 자국까지 사라지는 건 아니다. 그렇기 때문에 최선은 싸움하지 않는 것이다. 갈등이 생길 때 그때그때 풀든지 잊든지 용서하든지 하는 것이다.

내가 꿈꾸는 사회는 너그러운 사회이다. 상대가 잘못했다고 길길이 뛰면서 고소고발을 하기보다는 한걸음 물러서 그 사람 입장에서 생각해보는 것이다. 상대에게 뭔가 사정이 있겠지 하면서 너그럽게 봐주는 것이다. 그럼 상대가 오히려 더 미안하게 생각하면서 두 사람 사이에 따스함이 생길 것이다.

그런 면에서 어디선가 들었던 중국의 서예가 위유런 사례는 흥미롭다. 당시 그의 글씨는 너무 유명했다. 당연히 짝퉁 글씨가 나돌았고 어느 식당 주인이 위유런의 글씨라며 간판을 내걸었다. 그 사실을 안 제자가 비분강개하며 따지자고 주장했다. 위유런의 생각은 달랐다. 그는 그 집 간판을 정성스럽게 써서 제자에게 주면서 그 집을 찾아가 전하라고 얘기했다. 이유인즉 "사람들이 그 간판을 정말 자기 글씨로 알 터인데 이왕이면 제대로 된 글씨를 써야 하지 않겠는가?"라는 것이다. 그걸 받아 든 주인의 표정이 궁금하다.

살다 보면 황당한 일이 많다. 도저히 이해할 수 없는 일도 부지기수다. 화가 날 때도 잦다. 따지고 싶고 고소하고 싶은 일도 많다. 고소고발 사건은 두 사람 모두를 패자로 만든다. 이겨도 이긴 것이 아니다. 용서하면 두 사람 모두가 승자가 된다. 이를 위해서는 한걸음 뒤로 물러나 생각해보는 여유가 필요하다. 과연 삶에서 정말 중요한 게 무엇인가? 사사건건 따지는 것이 그렇게까지 가치있는 일일까? 논쟁에서 이기면 상을 받는가? 인생은 역설이다. 따지고 이기는 것이 멋져 보이지만 사실은 이기는 것이 지는 것이고 지는 것이 이기는 것이 아닐까?

변하지만 변하는 건 없다[*]

내가 대학에 들어가던 1970년대 중반은 고등학교 12반 중 이과가 9반이고 문과가 3반에 불과했다. 아주 특별한 애들만이 문과를 갔다. 그러다 어느 순간 공과대학이 시들해지면서 너도나도 문과를 지망하는 현상이 나타났다. 언론에선 얼마나 기술자가 중요하고 연구개발이 필요한지를 강조했지만 씨알도 먹히지 않았다. 근데 문과 출신들 취업이 문제 되면서 요즘은 다시 공과대학이 부활하고 있다. 이를 보면 세상은 끊임없이 변하는 것 같다. 개인도 그렇고 조직도 그렇다.

모든 것은 변화한다. 변화하지 않는 것은 변화한다는 사실뿐이다. 우리가 귀에 못이 박이도록 듣는 얘기이다. 변화하는 자는 살아남고 그렇지 못한 자는 죽는다. 하지만 변한다는 것이 모든 것을 바꾼다는 걸 뜻하진 않는다. 지켜야 할 것은 지키고 바꿀 것은 바꿔야 한다는 것이다. 그런 면에서 세계적인

---

[*] 이 글은 『정반합』이란 책에 쓴 서평을 옮긴 것이다.

명품 브랜드 에르메스의 슬로건 "모든 건 변하지만 변하는 건 없다Change, but don't change!"는 인상적이다.

일본의 스시로는 회전 초밥 체인점이다. 2013년에만 1,500억 엔의 매출을 올렸다. 우리 돈으로 1조 5,000억 원이다. 초밥을 팔아 어떻게 이런 매출을 올릴 수 있을까? 초밥집의 가장 큰 문제는 재고관리이다. 생선이 비싼 식자재지만 오래 보관할 수 없다. 시간이 지나면 비싼 생선이 쓰레기가 되는 것이다. 이들은 접시에 IC 칩을 달아 수요를 예측했다. 어느 시간대에 어떤 초밥이 얼마만큼 팔리는지를 파악해 데이터베이스를 만들고 거기에 따라 식자재를 구입한 것이다.

야마구치현에 닷사이란 술 만드는 회사가 있다. 술은 잘 팔렸지만 술의 원재료인 쌀 야마다니시키 공급 때문에 애를 먹었다. 이 쌀은 재배가 까다로워 농사짓는 사람이 별로 없었기 때문이다. 일본 전역에서 나오는 쌀을 긁어모아도 수요를 충족시킬 수 없었다. 2014년 이들은 후지쓰와 공동으로 과학적 농산물 재배관리 시스템을 개발했다. 클라우드 기반으로 빅데이터를 분석하고 농경지에서 농부의 행동, 파종시기, 농약살포법, 수확시기까지 예측했다. 그 결과 매출이 6배 뛰었다. 둘 다 아날로그 산업에 IT 기술을 결합해 큰 성과를 낸 것이다. 기본은 아날로그지만 거기에 새로운 기술을 입힌 것이다.

변화를 위해서는 고객 입장에서 사업을 볼 수 있어야 한다. 영국의 테스코가 그렇다. 보통 유통업체는 땅값이 싼 교외에 건물을 짓지만 테스코는 고객의 편의를 위해 도심 인근에 소규모 매장을 냈다. 고객을 위해 24시간 오픈하고 일요일에도 문을 연다. 매장 인테리어도 늘 고객의 눈높이에 맞춘다. 이들은 회원카드를 통해 회원을 분석하는데 회원 숫자가 무려 1,000만 명이다. 고객의 참여를 이끌어내는 것도 좋은 방법이다. 영국의 조 말론 향수는 참여형 향수 회사이다. 고객으로 하여금 직접 향을 만들게 한다. 자기만의 고유한 향을 만들고 싶어하는 고객들이 열광한다. 이들은 향을 만들 때 다른 향과의 조합을 염두에 두고 향을 만든다. 빌트어베어 워크숍도 같은 비즈니스 모델이다. 인형을 만들 때 원재료를 다양하게 늘어놓고 고객으로 하여금 직접 선택해 자기만의 인형을 만들게 하는 것이다.

뭐니뭐니해도 변화의 핵심은 사람이다. 사람이 가장 중요하다. 우린 보통 제로섬의 생각을 하고 있다. 회사 일을 열심히 하려면 가정을 희생해야 하고 가정을 지키려면 회사 일은 소홀히 할 수밖에 없다고 생각한다. 그렇지 않다. 가장 중요한 것은 조화와 균형이다. 일, 가정, 자신, 공동체 사이의 균형이다. 하나만을 잘할 수는 없는 법이다. 자녀가 고질병을 앓는 직원이 있다. 이 직원은 금요일 저녁마다 아이를 데리고 병원에 가야 해서 4시에는 퇴근해야 한다. 근데 회사가 규정에 어긋난다고 퇴근을 막으면 어떤 일이 벌어질까? 몸은 사무실에 있지만 일은 되지 않을 것이다. 그렇기 때문에 회사가 발전하기 위해서는 직원을 중시해야 한다. 그런 기업만이 살아남는다.

한국의 제니퍼소프트는 모두 정규직이고 근무시간은 7시간에 불과하다. 퇴근은 자유롭고 추가 근무는 절대 없다. 출산하면 1,000만 원을 주고 5년 차가 되면 가족 모두 해외여행을 보내준다. 이들은 회사를 위해 일하지 말고 자기 삶을 희생하지 말라고 주장한다. 하지만 26명의 직원이 130억 원의 매출을 올린다. 사람 중시 경영의 산물이다. 픽사는 자율성과 재미에 중점을 둔다. 회사 내에 수영장과 비치발리 경기장이 있고 킥보드를 타고 다닐 수 있다. 하지만 작품 평가에서는 잔인할 정도로 솔직하다. 창의성과 엄격한 규율이 동시에 존재하는 것이다.

SAS인스티튜트는 사람 중시 경영으로 성공을 거두었다. 이들은 복지 면에서 타의 추종을 불허한다. 이 회사 역시 2008년 금융위기 때 어려움을 겪었다. 이들은 해고 대신 연봉 동결을 택했는데 다음 해 50%의 성장을 이룩했다. 그렇다고 마냥 널널한 건 아니다. 일을 못하면 생존하기 어렵다. 저성과자의 경우 처음에 피드백을 주고 90일간 트레이닝을 시킨다. 그래도 개선되지 않으면 다른 부서로 발령을 낸다. 온정과 비정이 동시에 존재하는 것이다.

무엇보다 위대한 기업이 되기 위해서는 가치를 명확히 하고 거기에 따라 사업을 해야 한다. 캐나다의 구스란 기업은 극한 추위에도 견디는 옷을 만드는 것이 사명이다. 심플하지만 거기에 집중한다. 그래서 극한환경에서 일하는 사람들은 모두 이 회사 제품의 열성팬이다. 화장품 회사 키엘은 환경친화적인 기업이다. 이들은 단순하고 재활용 가능한 용기만 사용한다. 광고하지 않는다. 하지만 사람들은 이 회사 제품을 좋아한다. 이들의 브랜드는 진정성이다. 고셰병, 폼페병 같은 희귀병 치료제를 만드는 젠자임의 핵심은 사람의 목숨을 살리는 것이다. 삶에 획기적인 변화를 가져오는 것이다. 이들은 시장을 보고 움직이지 않는다. 사명감으로 움직인다. 이처럼 진정성을 갖고 가치에 집중하면 다른 것은 따라온다.

　진리는 대부분 역설적이다. 둘 중 하나를 선택하는 것이 아니고 둘 다를 만족시키는 것이다. 지킬 것은 지키되 바꿀 것은 바꾸는 것이다. 변화하면서 동시에 안정을 추구하는 것이다. 장기적으로 투자하면서 동시에 단기수익도 내는 것이다.

공짜는 공짜가 아니다

지인 중 중소기업을 운영하는 분이 있다. 제법 사업도 잘 되기 때문에 먹고사는 데 별 지장이 없다. 그는 곤지암에 있는 소머리국밥집 국밥을 좋아한다. 가끔 일이 없어도 그곳에 가서 소머리국밥을 먹고 온다. 어느 날 자주 가던 소머리국밥집을 갔는데 사람들이 길게 줄을 서 있었다. 한 번도 그런 일이 없었기 때문에 이유를 물어봤더니 오늘 하루는 나이 든 사람에게 공짜로 국밥을 제공한다는 것이다. 1년에 두 번 노인을 위한 경로행사란 것이다. 지인은 마침 자신도 65세가 넘었기 때문에 줄을 서서 기다렸다. 한 시간쯤 기다린 후 국밥을 먹는데 자신이 먹던 그 맛이 아니었다. 완전히 밍밍했다. 그야말로 소가 지나간 흔적만이 남아 있었다. 건더기도 거의 보이지 않았다. 그는 내게 이렇게 말했다.

"전 그걸 먹으러 서울에서 한 시간 운전해서 갔는데 시간이 아깝더군요. 주인으로서는 공짜인데 뭐가 문제냐? 나도 나름 돈을 들인 것이라고 항변할 수도 있겠지요. 제 생각은 다릅니다. 대접하려면 제대로 하든지, 아니면 하지를 말든지. 또 공짜로 그렇게 하는 게 부담이 되면 돈을 내고 먹는 사람을 구분해 제대로 된 국밥을 내놓든지. 이건 그야말로 돈 쓰고 욕먹는 행위입니다."

3개월 헬스장 비용이 골프 레슨, 개인 레슨, 사우나까지 합해서 10만 원이란 전단을 보면 한심한 생각이 든다. 제대로 된 곳은 한 번 레슨에 10만 원을 받는데 어떻게 단돈 10만 원에 그 많은 걸 해줄 수 있을까? 그게 제대로 된 곳이고 제대로 된 레슨일까? 뭔가 신뢰가 가지 않는다. 값싼 여행상품을 볼 때도 비슷한 생각이 든다. 3박 4일 해외 어딘가를 가는데 30만 원이란 여행상품도 비슷하다. 가까운 제주도만 가려고 해도 비행기표값만 왕복 20만 원이 넘는다. 일단 해외를 간다고 하면 비행기표값만 왕복 30만 원은 넘을 것 같다. 거기에 잠을 재워주고 먹을 것까지 주는데 그 가격에 가능할까? 아무리 생각해도 이해할 수 없다. 뭔가 있는 것이다. 관광 대신 쇼핑을 끼워놓고 바퀴벌레 나오는 여인숙에서 재워줄 수도 있다. 최악의 경우 낯선 해외에 나를 두고 사라질 수도 있다. 여행의 즐거움 대신 바가지의 나쁜 추억만을 갖고 올 가능성이 크다.

공짜란 무엇일까? 진짜 공짜인 것이 세상에 존재하는 것일까? 사실은 공짜가 아닌데 공짜인 걸로 착각하는 것은 아닐까? 한동안 어머님은 노인 상대 사업장으로 출근하셨다. 내게 입에 침이 마르도록 그곳 사장 칭찬을 하셨다. 젊은 사람이 그렇게 진실할 수가 없다. 자기 돈을 들여 노인을 위한 각종 편의시설을 갖추고 공짜로 이용할 수 있게 했다는 것이다. 그곳은 모든 것이 공짜란다. 커피와 차도 마실 수 있고 마사지 의자를 사용할 수도 있고 따뜻한 돌침대에서 누워 쉴 수도 있다는 것이다. 거기다 휴지나 세제 같은 것도 공짜로 준다는 것이다. 조건은 단 한 가지 수업을 들어야 한다는 것이다. 몇 달이 지난 후 어머님은 마사지 기계와 효과성도 없어 보이는 이상한 약을 한 보따리 사 오셨다. 가격을 물어보았는데 침묵으로 일관하신다. 아마 꽤 비싼 가격이었을 것이다. 어머님은 공짜라고 생각했지만 사실은 공짜가 아니다. 바가지를 썼을 가능성이 크다.

난 공짜를 좋아하지 않는다. 아무 이유 없이는 주지도 말고 받지도 말자는 주의이다. 내가 그런 생각을 한 것은 명분이 그럴듯한 무료 강의를 몇 번 한 이후이다. 무료강의는 일단 명분이 그럴듯하다. 힘들어하는 청춘을 위해 해달라고 하거나 교육의 혜택을 받지 못하는 공공기관 혹은 지방에 있는 특정기관 등등....... 처음에는 사명감에 불타 씩씩하게 강연을 갔다. 근데 참석자들의 태도가 마음에 들지 않았다. 태도가 별로이다. 하나도 감사해하는 마음이 느껴지지 않는다. 나른하고 배우려는 의지도 별로 없다. 열심히 강연해도 반응이 시큰둥했다. 도대체 이게 뭔가? 나름 엄청나게 시간을 투자해서 이곳에 왔다. 그런데 이 태도는 어디서 유래한 것일까? 그날 나를 비롯한 대부분 참석자는 큰 대가를 치렀다. 나는 일단 많은 시간을 허투루 썼다. 돈도 벌지 못하고 시간만 썼다. 아무 감동도 기쁨도 없었다. 많은 참석자도 그랬다. 배움이란 뭔가 배워보고 싶은 열정이 있어야 한다. 그런 방관자적 태도를 보인 사람은 아무것도 얻어갈 수 없다. 당연히 그들 역시 많은 시간을 쓴 것이다. 그들은 이 강의를 공짜로 생각했지만 사실은 많은 시간을 쓴 것이다.

인생에서 가장 중요한 것은 시간이다. 시간은 목숨이다. 대부분의 것은 돈으로 살 수 있지만 시간은 돈으로 살 수 없다. 공짜란 대부분 돈을 요구하지는 않지만 대신 많은 시간을 요구한다. 공짜처럼 보이지만 여러분의 목숨을 조금씩 갉아먹고 있는 것이다. 세상에 공짜는 없다. 공짜처럼 보이지만 침묵의 암살자일 수 있다.

갈등의 역설

갈등이라고 하면 무엇이 연상되는가? 보통은 부정적인 것을 연상한다. 콩가루 집안을 떠올린다. 반대로 일사불란, 일사천리, 만장일치 같은 단어를 들으면 어떤 생각이 드는가? 생산성이 높은 것, 잘되는 집안이란 생각이 든다. 난 반대의 생각을 하고 있다. 생산성이 떨어지는 회사의 임원회의는 말하는 사람이 정해져 있다. 아니, 한 사람이 북 치고 장구 치고 혼자 떠든다. 나머지는 다 그 사람 얼굴을 보거나 그가 하는 말을 받아 적는다. 그가 하는 말에 동의할까? 아마 반대일 것이다. 말 같지 않은 소리를 하지만 목숨을 구걸하기 위해 그냥 동의하는 것이다. 갈등이란 것은 존재하지 않는 것처럼 보이지만 사실은 엄청난 갈등이 존재한다. 다만 표현하지 않을 뿐이다.

잘되는 조직은 갈등을 부추긴다. 발전을 위해서는 다양성이 필수적인데 다양성은 갈등으로 이어진다. 중요한 건 그런 갈등을 잘 드러내게 하는 것이다. 그래서 로레알 같은 글로벌 기업은 건강한 대립 constructive confrontation 을 강조한다. 상사 말에 무조건 동의하지 말고 당신 생각을 분명하게 하고 건강하게 대립하면서 좀 더 나은 방법을 찾으라는 것이다. 그 회사가 잘되는 이유 중 하나이다. 오늘날의 GM을 만든 알프레드 슬론 회장도 만장일치를 싫어하고 다양한 의견을 존중했다. 임원회의 때 자신이 하는 말에 모든 임원이 동의하면 그 안건은 통과 대신 다시 상정해 토론했다. 임원들이 충분히 그 아젠다에 대해 공부하고 고민하지 않았다고 생각했기 때문이다. 그런 면에서 갈등은 발전에 필수적이다.

2008년 9월 15일 리먼 브러더스가 파산했다. 그때까지 그 회사는 똘똘 뭉친 팀워크의 대명사였다. 근데 왜 몰락의 길로 접어들었을까? 이유 중 하나가 갈등의 회피다. 1994년 취임한 CEO 딕 펄드는 무조건적인 팀워크와 협동을 강조했고 사내 불화를 절대 용인하지 않았다. 직원들은 싸움을 피했고 반론을 제시하지 않았고 껄끄러운 문제가 공론화되는 것을 피했다. 위기 신호가 와도 나 몰라라 했다. 팀워크가 오히려 독이 된 것이다. 망하는 데 확실한 역할을 했다. 건전한 갈등과 싸움은 조직 변화에 필수요소이다. 사람 숫자만큼이나 생각이 다른 것은 당연하다. 서로 다른 생각들이 만나면서 더 나은 생각으로 다듬어지는 것이다. 근데 전제조건이 있다. 그냥 갈등을 위한 갈등이 아니고 건강한 갈등이 필요하다. 건강한 갈등을 위해서는 무엇이 필요할까?"

첫째, 명확한 대의명분이 있어야 한다. 캠벨 수프는 최악의 부실기업이었다. 사명은 "고객의 삶을 개선하기 위해, 더 나은 세상을 만들기 위해"라고 멋지게 걸었지만 내부는 엉망이었다. 과도한 비용절감으로 닭고기 수프에 닭고기를 빼는 일까지 벌어졌지만 모든 사람이 책임 전가에 급급했다. 2001년 취임한 더그 코넌트는 "어느 곳에서든 사람들의 삶에 자양분을 줄 것"이란 사명을 제시하면서 직원들을 동기부여시켰다. 반발하던 직원들 태도가 서서히 변화하기 시작했다. 사명선언문에 들어맞는 브랜드 창출에 고심하고 품질개선에 박차를 가해 히트상품을 연이어 출시했다. 재무 성과가 6년 연속 상승하면서 다우존스 지속가능성 지수에 편입되었다. 2009년 10월의 일이다.

둘째, 미래에 초점을 맞춰야 한다. CEO들은 과거의 잘잘못을 따지는 데 많은 시간을 할애한다. 바이엘 그룹 헬스케어 부문 CEO 롤프 클라손은 인수 타당성 조사 중 문제점을 발견했다. 임직원들과 난상토론을 벌였다. 그는 인수 쪽 손을 들었다. 과거의 성과보다는 미래의 가능성에 중점을 두었기 때문이다.

셋째, 패배한 이들에게도 기회를 제공했다. 인간이 비슷한 생각을 할 때는 아무도 생각을 하지 않는 것이다. 조직은 건강

---

* 삼성경제연구소,『잘되는 조직은 싸움도 잘한다』

한 갈등이 있어야 혁신이 가능하다. 싸울 만한 가치가 있는 문제를 제기하고, 싸움이 긍정적인 미래를 얻을 수 있도록 규칙을 정하고, 패배한 직원에게 기회를 제공해야 한다.

갈등은 여러 가지 역할을 한다. 새로운 아이디어와 접근방식을 구체화하는 데 도움을 준다. 갈등을 통해 다양한 의견이 나오고 각자의 이해관계와 희망사항을 알 수 있다. 자기 아이디어를 다듬을 기회를 제공한다. 아이디어 속의 문제점과 결함을 발견하게 해준다. 아직 생각지 못한 부분을 드러나게 한다. 갈등은 차이를 줄여주고 변화를 보장하며 공통점을 만들 수 있다. 근데 갈등이 긍정적인 역할을 하려면 세 가지 핵심 요소가 필요하다. 상호존중, 호기심, 학습의욕이다. 시기질투, 반대를 위한 반대, 감정적인 갈등은 조심해야 한다. 이를 위해서는 우선 목표가 명확해야 한다. 목표는 옳은 답을 찾아내는 것이다. 활발하되 정중함을 잃지 말아야 한다. 강요하지 않고 정기적으로 입장을 바꾸어 생각해야 한다. 평온한 분위기에서는 창의적인 성과를 기대할 수 없다.

배우고자 하는 욕망이 많은 곳일수록 논쟁이 많이 필요하다. 다양한 인간들이 다양한 목적을 갖고 살기에 갈등은 피할 수 없고 생겨날 수밖에 없다. 피한다고 피할 수 있는 것도 아니다. 오히려 갈등을 적극 드러내게 하고 서로의 차이를 알게 하고 그 과정에서 상대를 이해하면서 접점을 찾게 해야 한다. 갈등은 거름과 같다. 거름은 감춘다고 감출 수 있는 게 아니다.

그럼 냄새만 난다. 오히려 드러내서 잘 활용하면 비료의 역할을 하기 때문이다.

반대의 역설

예전 회사에 독재자 같은 고위임원이 있었다. 생긴 것도 호랑이 같고 목소리도 커서 사람들은 그 앞에서 제대로 숨도 쉬지 못했다. 그래도 추진력이 있다는 이유로 승승장구했다. 그 사람이 주재하는 회의는 말만 회의일 뿐 대부분 원맨쇼였다. 토를 달 수도 없었다. 어떤 이의도 제기할 수 없었다. 그 사람 의견에 동의하는 것만 할 수 있었다. 그러다 보니 사전에 문제가 될 만한 이슈를 걸러낼 수 없었다. 회의 내내 한마디도 못하는 우리들은 회의 후 옹기종기 모여 뒷담화하는 걸로 마음을 달랬다. "저런 식으로 해서 되겠어? 저건 시장에 나가면 틀림없이 문제가 될 텐데……." 결과는 참담했다. 그가 한 프로젝트는 회사에 엄청난 손실을 입혔다. 반대의견을 수용하지 않은 결과이다.

성공하는 사람이나 그릇이 큰 사람의 공통점은 무엇일까? 사람은 언제 성장할 수 있을까? 반대하는 사람이 있어야 성장할 수 있다. 반대하는 사람의 의견을 수용할 수 있어야 질이 올라간다. 찬성하는 사람들만 있으면 그렇고 그런 조직이 될 수밖에 없다. 거인들은 반대의견을 즐기는 사람들이다. 소인들은 반대의견에 레이저를 쏘는 사람들이다.

산샤댐은 중국 역사를 바꾼 대 사건이다. 만리장성보다 더 큰 프로젝트라 할 수 있다. 이런 프로젝트를 할 때 얼마나 많은 반대의견이 있었을까? 그는 반대의견에 대해 어떤 생각을 갖고 있을까? 1997년 중국 산샤댐이 완공되었을 때 설계자 장샤오헝은 이렇게 말했다. "나를 반대한 사람은 성공을 돕는 손이다. 반대자의 공로는 누구도 대신할 수 없다. 반대하는 사람이 없었다면 위대한 일을 이룰 수 없었을 것이다. 반대파들이 집요하게 반대했기 때문에 완벽하게 완성할 수 있었다. 그동안 반대했던 사람들에게 진심으로 감사한다." 빈말이 아닌 진심이 느껴진다. 반대의견을 잘 받아들인 덕분에 큰 프로젝트를 성공적으로 완수했을 것이다.

IBM을 만든 토마스 왓슨도 반대하는 사람을 중용했다. 그의 말이다. "나는 싫어하는 사람을 승진시키는 걸 주저하지 않았다. 오히려 정말 뭐가 사실인지를 말하는 반항적이고 고집센, 거의 참을 수 없는 타입의 사람을 항상 고대했다. 만약 우리에게 그런 사람들이 아주 많고 그런 사람들을 참아낼 인내가 있다면 그 기업에 한계란 없을 것이다." 인텔을 만든 앤디 그로브도 비슷한 생각을 하는 사람이다. "나는 반대자들에게 감사한다. 조직은 리더가 가진 꿈과 그릇의 크기만큼 자란다.

큰 그릇은 많은 것을 담을 수 있다. 나와 동질의 것, 나를 편안하게 하는 것뿐 아니라 나와 다른, 그래서 불편한 것도 끌어안을 수 있을 때 조직은 지속적으로 성장한다." 글로벌 기업인 IBM과 인텔 뒤에는 이런 위대한 생각을 품은 리더가 있었던 것이다.

오늘날의 혼다 자동차를 반석 위에 올려놓은 인물로 평가받은 가와시마 기효시 전 사장도 비슷한 말로 퇴임의 변을 했다. "최근 2~3년간 내가 말한 사항들이 사내에서 8할이나 통과됐습니다. 6할이 넘으면 원맨 경영의 폐해가 나타나는 위험신호라고 하는데 그렇다면 지금 혼다가 위험하다는 얘기 아닌가요? 제가 계속 사장 자리에 있으면 우리 회사는 직선적으로밖에 성장하지 못합니다. 그래서 저는 퇴임을 결정했습니다."

현재 당신이 하는 일에 반대하는 사람은 누구인가? 당신은 반대의견에 대해 어떻게 대응하는가? 그들 때문에 살 맛이 나지 않는가, 반대하는 자들만 사라진다면 팔자가 펼 것으로 생각하는가? 아니면 그들 덕분에 당신이 조금씩 나아진다고 생각하는가?

당 태종이 위대한 이유는 위징이라는 신하 덕분이다. 그는 사사건건 당 태종 의견에 토를 달았다. 당 태종은 사냥을 갔다가도 위징 눈치를 보느라 급하게 돌아올 정도였다. 위징이 그렇게 행동할 수 있었던 것은 왜일까? 당 태종이 그 정도는 받아줄 그릇이 된다고 판단했기 때문이다. 그래서 당 태종이 칭

송을 받는 것이다. 건강한 야당이 있어야 여당이 빛난다. 좌가 있기 때문에 우가 있을 수 있다. 반대자가 사실은 가장 강력한 우군인 것이다. 그게 반대의 역설이다.

이윤의 역설

경주는 택시요금이 비싸다. 예전부터 그 사실을 알고 있었는데 얼마 전 다시 한 번 비싼 요금을 실감했다. 신경주역에서 내려 블루원이란 리조트까지 가는 데 거의 3만 원이 나왔다. KTX의 거의 절반에 해당하는 요금이다. 서울에서 그 거리면 1만 5,000원이면 갈 수 있다. 보다 못한 내가 왜 이렇게 비싸냐고 물어보자 기사 분은 민망한 표정으로 미안하다고 한다. 나뿐 아니라 대부분 외지 사람들은 택시요금에 대해 불평을 한다고 한다. 그래도 오래전에 정해진 요금이라 자신도 어쩔 수 없단다.

그날은 날 초청한 회사 내부 사정 때문에 택시를 타고 올 것을 부탁해 어쩔 수 없이 탔지만 다음에 경주 갈 일이 있으면 무슨 수를 써서라도 타지 않을 것이다. 그날 내가 결심한 일이다. 한편 왜 그런 정책을 펴겠느냐는 의구심이 들었다. 택시기사의 생계를 보장하기 위해, 아니면 관광 온 사람들을 깜짝 놀라게 하기 위해……? 이유는 뭔지 모르지만 그런 택시요금이

경주 발전에 도움이 되지 않는다는 사실만큼은 확실하다. 근데 왜 그런 일이 벌어질까?

돈이 우선이기 때문이다. 다른 그럴듯한 명분을 내세웠어도 실은 돈이 목적이기 때문이다. 사람은 돈 앞에서 판단력이 흐려진다. 이령지혼利令智昏이란 말은 그래서 나왔다. 바로 이익이 사람을 혼미하게 한다는 말이다. 비슷한 말로 축록자불견산逐鹿者不見山 확금자불견인獲金者不見人이란 말도 있다. 사슴을 쫓는 자는 산을 볼 수 없고 이익을 쫓는 자는 사람을 보지 못한다는 말이다. 돈만을 쫓다 보면 눈에 보이는 것이 없다는 말이다. 개인도 그렇고 기업도 그렇다.

난 스팸메일과 전단을 보면서 세상 흐름을 읽는다. 최근 가장 많이 받는 스팸메일은 최고경영자 관련 메일이다. 잘 나가는 상품이나 서비스는 그런 메일을 보낼 필요가 없다. 전단지 따윈 말할 것도 없다. 그런 것을 자꾸 날린다는 것은 장사가 되지 않는다는 사실을 온 세상에 광고하는 것과 다름없다. 당사자 입장에선 뭐라도 해야겠다는 절박한 마음에서 하는 행위지만 사실 투자 대비 효과는 거의 없고 오히려 역효과를 낸다. 차라리 그 시간에 과정을 잘 만들고 남들과 다른 방식으로 남들이 주지 못하는 가치를 줄 방법을 찾는 것이 효과적이다.

돈을 탐한다고 돈이 생기지는 않는다. "돈! 돈! 돈!" 하고 외친다고 돈이 나를 쫓아오지도 않는다. 오히려 돈을 좇을수록 돈과는 멀어진다. 그게 돈의 역설이다. 유명 맛집들이 여기저기 점포를 늘리는 걸 보면서도 비슷한 생각을 하게 된다. 하도 장사가 잘되어 예약이 잘 안 되는 맛집이 있었다. 근데 어느 날 같은 점포가 광화문에도 생기고 강남에도 생겼다. 예약 없이 아무 때나 갈 수 있게 되었다. 그러면서 난 그 집에 가는 횟수가 줄었다. 그것 역시 돈의 역설이다. 돈을 더 벌려고 점포를 여기저기 열었지만 오히려 이익이 줄어드는 것이다.

무슨 일을 하건 목적이 명확한 게 좋다. 목적에 충실하게 사는 것이 바람직하다. 기업도 그렇다. 그래야 오랫동안 지속할 수 있다. 한철 장사는 말 그대로 한철 장사에 그친다. 1668년 약방으로 문을 연 세계 최초의 제약회사 머크는 기업의 목적을 다음과 같이 말한다. "의약품은 환자를 위한 것이지 결코 이윤을 위한 게 아니다. 우린 그 사실을 잊지 않기 위해서 부단히 노력하고 있다. 이것만 제대로 기억한다면 이윤은 저절로 따라온다. 이것을 더 잘 기억할수록 이윤은 더 커진다." 이윤만 쫓다 보면 이윤은 자꾸 도망간다. 오히려 이윤 대신 존재 이유를 잘 기억할수록 이윤이 더 커진다는 것. 이것이 이윤의 역설이다.

난 기업 강의가 주업이다. 강의는 특성상 한 번에 두 군데 강의를 할 수 없다. 하지만 성수기에는 동시에 서너 군데서 강의요청을 받는 경우가 있다. 그럴 때는 참 아깝다. 강사도 프랜차이즈를 하면 어떨까 하는 생각을 하게 된다. 새끼강사를 키워 대타로 내보내면 돈을 더 벌 수 있을 것 같다. 하지만 그렇게 하고 싶지 않다. 누구에게도 도움이 되지 않을 것 같기 때문이다. 난 너무 유명해지는 것이 싫다. 너무 흔해지는 것도 맘에 들지 않는다. 약간은 아쉬움이 있고 예약도 되지 않는 그런 사람이 되고 싶다. 무엇보다 돈을 좇는 사람이란 평판을 듣고 싶진 않다. 돈을 좇진 않지만, 돈이 나를 쫓아오는 그런 사람이 되고 싶다. 아직까진 그런대로 잘사는 걸 보면 돈의 역설이 틀린 것 같지는 않다.

꼴통이 스승이다

회사생활과 관련해 착각하는 게 하나 있다. 모든 것이 완벽하게 갖추어진 회사가 좋은 회사라는 착각이다. 좋은 사람들과 좋은 대우를 받으며 여유 있게 뭔가를 해야 만족스럽다고 생각하는 것이다. 난 동의하지 않는다. 세상은 그런 곳이 아니다. 그런 조건에서 일 잘하는 건 누구나 할 수 있다. 그런 곳에서는 배울 게 없다. 우리는 문제를 통해 배울 수 있다. 고난을 통해 배울 수 있다. 특히 리더십이나 인간관계는 그러하다. 우리는 주변에 갈등을 일으키고 내 속을 뒤집는 그런 인간이 있어야 성장할 수 있다.

예전 회사에서의 일이다. 당시 난 연구소에 있다가 생산부서로 발령을 받아 도장부장 역할을 하고 있었다. 다른 건 그런대로 할 만했는데 다루기 어려운 대의원 때문에 힘이 들었다. 그 친구는 말이 통하지 않는 꼴통 중 꼴통이었다. 별명도 언터처블이었다. 언제 터질 줄 모르는 시한폭탄 같은 존재였다. 아무도 그 친구를 건드리지 않았다. 그는 현장에서 무소불위의 권력을 행사했다. 관리자들은 대부분 "무서워서 피하느냐, 더러워서 피하지." 하면서 말조차 걸지 않았다. 근무시간 중 잠을 자기도 했다. 그런 사실을 몰랐던 내가 그를 깨우자 불같이 화를 내며 라인을 세우는 바람에 담당 임원에게 끌려가 혼이 나기도 했다. 그 친구는 매일 현장 안에 있는 사무실로 출근했다. 파업 중이 아닌 데도 각종 슬로건이 쓰인 조끼와 머리띠를 하고 다녔다. 내 책상 맞은 편에 앉아 구호를 외치곤 했다. 매일 와서 부리는 난동도 시간이 지나자 익숙해졌다. 으레 그러려니 했다.

근데 인간이란 존재는 참 이상하다. 그런 진상하고도 시간이 지나면서 정이 드는 것이다. 가끔 안 보이면 내가 먼저 그 친구 안부를 사람들에게 묻곤 했다. 그 친구의 주요 관심사는 도장공장 환경 문제였다. 도장용제(일명 솔벤트) 냄새가 심해 작업에 지장이 있으니 없애달라는 주문이었다. 하지만 회사는 이미 엄청난 돈을 들여 환기시설을 했고 냄새도 별로 나지 않았다. 무리한 요구였다. 난 더 이상 냄새를 없앨 수는 없다고 얘기를 했다. 이미 그렇게 투자를 했는데 어떻게 더 이상 돈을 쓰겠느냐며 그를 설득하려 했다. 그때마다 그는 "제 코가 개코라 그렇습니다. 제가 냄새에 아주 민감하거든요. 그러니 완벽하게 없애주세요."라고 말했다. 듣다 못 한 난 "자넨, 도장공장에 맞질 않으니 냄새가 안 나는 조립이나 차체공장으로 바꿔주겠다."고 했더니 한마디로 거절했다. 자신은 도장공장에 정이

들어 다른 부서는 갈 수가 없다는 것이다. 난 "도장공장에서 용제 냄새를 없애달라는 건 생선가게에서 비린내를 없애달라는 것과 무엇이 다르냐?"라고 주장했다. 그 친구는 내 눈을 똑바로 보며 "그건 한 박사님 사정이고 제가 알 바는 아닙니다."라고 말했다. 말도 안 되는 주장이다. 정말 그 인간이 미웠다.

그러던 어느 날이다. 사무실에 둘만 남게 되었다. 심심했던 난 그 친구에게 본관이 어디냐고 물었다. 처음에는 답을 안 했다. 그래도 내가 자꾸 캐묻자 "광산 김씨"라고 말했다. 난 귀를 의심했다. 양반 중 양반이고 명문 성씨 중 하나라는 사실을 알고 있었기 때문이다. 깜짝 놀란 내가 "자네, 김우중 회장님이 광산 김씨인 것 아나?"라고 묻자 "압니다."라고 답했다. 이어 "자네, 도올 김용옥이 광산 김씨인 것 아나?"라고 묻자 그 또한 안다고 답했다. 그래서 "자네 아버지가 자네 이러는 것 아나?"라고 묻자 가만히 있었다. 그때를 놓치지 않고 내가 아버지 전화번호를 요구했다. "왜 아버지 전화번호를 알려고 하십니까?"라는 질문에 이렇게 답했다. "도대체 광산 김씨 집안에서 어떻게 자네같이 무례하고 경우 없는 사람이 나올 수 있는지 자네 아버지와 상의 좀 해보겠다."라고 했다. 그 친구는 도망치듯 사무실을 빠져나갔다. 그걸로 상황종료였다.

근데 현장에서 자꾸 이상한 소문이 들리는 것이다. 그 친구가 변했다는 것이다. 예전에는 파업투표를 하면 제일 앞장서서 선동했는데 이보전진을 위해 일보후퇴를 하자느니 지금은 파업할 때가 아니라느니 명분이 부족하다느니 하면서 파업을 자제시켰다는 것이다. 이외에도 회사에 우호적인 행동을 많이 하고 있다는 얘기였다. 그 친구는 점차 협조적인 사람으로 변해갔다. 고마웠던 난 몇 달 후 그 친구와 밥을 먹으며 왜 그렇게 사람이 변했는지 물었다. 그 친구는 이렇게 답했다. "사실 전 매우 보수적인 집안에서 엄격한 교육을 받고 자랐습니다. 근데 이 회사에 와서 나쁜 물이 들었지요. 말도 안 되는 행동을 하면서도 속으로는 늘 이건 아니란 생각을 했어요. 그러다 박사님이 광산 김씨 운운하며 집안을 들추니까 순간 부끄럽다는 생각을 했어요. 더 이상 조상님 이름에 먹칠을 해서는 안 된다고 판단했지요. 노조활동을 하더라도 합리적으로 하려고요."

난 이 사건을 통해 사람을 움직이는 건 존중심이란 사실을 배웠다. 야단치고 잔소리해도 바뀌지 않았던 그 친구가 그렇게 바뀐 것을 보고 내심 매우 놀랐다. 이후 부하직원들의 장점을 찾아 그걸 자극하려고 노력하고 있다. 주변엔 늘 나를 괴롭히는 사람과 사건이 있게 마련이다. 그래서 '저 인간만 사라져주면 행복할 텐데.'라고 생각한다. 근데 그렇지 않다. 사실 그 인간이 스승일 수 있는 것이다. 그 사람이 나를 못살게 구는 것이 사실은 나를 인간으로 만들기 위해서이다. 그런 면에서 적이 친구보다 소중하다. 적은 친구가 가르칠 수 없는 것을 가르치기 때문이다. 꼴통은 스승이다. 아니, 스승이 될 수 있다.

4장
이기려 하지 말자

빈속의 즐거움

예전에는 잘 먹고 많이 먹고 배부르게 먹는 게 좋았다. 포만감이 있어야 뭔가 먹은 거 같다는 생각을 했다. 요즘은 배부르게 먹으면 오히려 불편하다. 속이 부대낀다. 그래서 점심을 많이 먹은 날은 저녁을 거르거나 죽만 찍는다. 그럼 다음 날 정말 행복하다. 속이 비고 약간의 시장기가 도는데 그 느낌이 좋다. 그때 제일 정신도 맑고 글도 잘 써진다. 빈속의 즐거움이다.

마지막 직업

지인 중 한 사람은 젊은 나이에 대기업 부회장에 올랐다. 모든 사람이 부러워하는 그런 자리이다. 오너를 잘 모셨고 일 또한 잘했기 때문이다. 돈도 많이 벌었고 덕분에 가족들도 호의호식했다. 그러다 회사를 나오게 되었다. 선입선출이라 하등 이상할 게 없다. 일찍 진급하면 일찍 나오는 것은 자연법칙이다. 근데 일을 그만두고 놀기엔 너무 젊은 나이이다. 하지만 어디 들어가기가 마땅치 않다.

우선, 모기업 눈치가 보인다. 그렇게 큰 기업에서 부회장까지 하고 그렇게 조직의 신세를 많이 진 사람이 경쟁사에 갈 수는 없다. 그건 사람의 도리가 아니다. 그렇다고 관련 자회사를 가기도 그렇다. 모기업에 납품하는 회사에 들어가 로비스트가 되는 것은 더더욱 모양새가 안 좋다. 참으로 마땅치가 않다. 그러저러한 이유로 그는 몇 년째 골프를 치면서 소일을 하고 있다. 그를 볼 때마다 나 항룡유회란 말이 생각난다. 가장 높이까지 올라간 용은 후회할 일만이 있다는 고사성어이다. 그보다는 적당히 올라갔다 내려오는 것이 낫다. 그래도 그는 욕은 먹지 않는다. 자기 분수를 알고 자족하기 때문이다.

뭐든 일등으로 치고 나가고 선두만을 지키는 것은 그리 좋지 않다. 난 기업 강의를 하지만 최고 일류 강사가 되고 싶지는 않다. 그보다는 스타 바로 밑에 있는 사람이 되고 싶다. 그것을 목표로 한다. 그래서 매스컴은 가능한 타지 않으려 한다. 자칫 스타가 되면 곤란하기 때문이다(참 걱정도 팔자라고 생각하지만 난 제법 진지하다. 충분히 그럴 수 있다고 속으로 자부한다). 쓸데없이 유명해지고 싶지 않기도 하지만 올라갔다 떨어지는 게 두렵기 때문이다. 엉뚱한 일로 사람들 입에 오르내리는 것도 성가시다. 얻을 게 없다. 일류 바로 밑의 강사나 코치로 인식되는 것이 좋다. 늘 위에는 스타들이 있고 스타 다음 단계에서 놀고 싶다. 먹고살 정도면 충분하다. 너무 이름이 없으면 먹고사는 데 문제가 되니까 우리 업계에서는 그래도 제법 실력이 있다는 정도의 평판이면 족하다.

난 마지막 직업이 있다고 생각한다. 마지막 직업은 대부분 명예로운 자리이다. 더 이상 올라갈 수 없는 자리이다. 대기업은 부회장이나 대표가 그런 자리이다. 그들은 이미 돈으로 충분히 보상을 받았다. 공직도 그렇다. 대통령, 국무총리, 장관이나 차관, 힘이 센 검찰총장, 국세청장, 안기부장, 경찰청장 같은 자리가 그렇다. 국회의원들도 그렇다. 군에서는 참모총장, 대학총장 같은 자리가 그렇다. 이들은 최고의 명예를 가졌던 사람들이다. 최고의 권력을 누렸던 사람들이다. 사람이 모든 것을 다 가질 수는 없다. 돈을 가졌으면 명예는 탐하지 말아야 한다. 명예를 가졌으면 돈은 탐내지 말아야 한다. 한번 권력을 가졌으면 다음 사람에게 이를 넘겨줘야 한다. 그게 자연법칙이다.

그렇게 높이 올라갔던 사람들이 계속 욕심을 내면 문제가 생긴다. 뭔가 바람직하지 않은 현상이 벌어진다. 대통령이 로펌에 간다면 어떤 일이 벌어질까? 검찰총장 출신이 대기업 고위임원으로 가면 뭔 일이 생겼을 때 공정하게 일을 처리할 수 있을까? 교육부 장관 하던 사람이 대학총장으로 가면 어떤 일이 벌어질까? 왜 대기업이, 대형 로펌이, 대학이 그들을 불러들일까? 그 의도가 순수할까? 난 그렇게 생각하지 않는다. 그들 입장에서 최고의 자리까지 올라갔던 사람은 그만한 가치가 있다. 뭔가 문제가 생겼을 때 사회 정의와는 별개로 적극 자신이 속한 집단을 옹호할 것이기 때문이다.

사람은 얻는 것 못지않게 지키는 것이 중요하다. 돈도 그렇고 명예도 그렇다. 근데 그게 참 어렵다. 창업보다 수성이 어려운 것과 같은 이치이다. 이를 위한 최선의 방책은 절제이다. 절제란 할 수 있지만 하지 않는 것이다. 갈 수는 있지만 다 가지 않는 것이다. 돈을 더 벌 수도 있지만 더 이상 벌지 않는 것이다. 절제의 원동력은 자존심이다. 스스로를 존중해야 한다. 그렇게 높이까지 올랐던 사람이 예전 직위를 이용해 또 다른 일을 하고 싶을까? 예전 부하들에게 청탁하고 싶을까? 참으로 그들의 속내가 궁금하다.

더하는 대신 빼라[*]

도로에는 참으로 많은 교통 신호등과 표지판이 있다. 이것이 없는 거리는 상상할 수도 없다. 심지어 '사망사고 발생한 곳'이란 표지판도 있다. 이런 표지판을 보고 조심을 해야겠다는 생각이 들까? 난 그렇지 않다. '왜 쓸데없이 저런 표지판을 세웠을까?' 하는 생각이 든다. 한가한 시골길에도 여지없이 신호등은 있다. 지나가는 차는 없고 기다리는 차만 있다. 갈까 말까 갈등만 생긴다.

서울 시내에는 신호등이 참으로 많다. 원활한 차량 흐름과 안전을 위한 것이다. 근데 신호등이 차량 흐름을 원활하게 할까? 만약 신호등을 없앤다면 어떤 일이 생길까? 신호등은 필요하다. 하지만 모든 곳에 늘 신호등이 필요한 건 아니다. 쓸데없는 곳에 있는 신호등은 차량 흐름을 방해할 뿐 아니라 사람들로 하여금 갈등하게 한다. 실제 네덜란드는 이런 실험을 해

---

[*] 이 글은 『우아한 아이디어가 세상을 지배한다』의 내용을 많이 인용했다.

서 재미를 보고 있다. 네덜란드 북부의 인구 4만 5,000명이 사는 소도시 드라흐텐에는 리바이플라인이란 사거리가 있다. 매일 수천 명의 보행자, 자전거, 2만 2,000대의 차가 통행한다. 하지만 신호등이 없다. 정지, 서행, 양보를 알려주는 표지판도 없다. 바닥이 빨간 벽돌로 되어 있을 뿐이다. 빨간 벽돌은 일종의 경고 표시이다. 이 구역이 특별하고 안전장치나 신호가 없다는 점을 알려준다. 통행구역이나 흰색 선은 물론 길을 구분하는 표시도 없다. 하지만 원활하게 잘 굴러간다. 왜 그럴까? 사거리에 진입하는 순간 모든 상황에 최대한 주의를 기울이기 때문이다. 안전은 위험에 대한 인식으로부터 시작된다. 이곳이 안전한 이유는 사람들이 머리를 쓰기 때문이다.

이곳은 교통 조사원 출신 한스 몬더만이 설계했다. 그는 교통사고 원인 대부분이 잘못된 교통 시스템 때문이란 사실을 깨달았다. 신호는 운전자의 시선을 빼앗고 아무 생각 없이 운전하라고 안심을 시킨다. 교통신호로 넘치는 도로는 "앞으로 가세요. 빨리 지나가세요. 우리가 모든 걸 관리하니 안심하세요."라고 말하는 것과 같다. 그동안 우리는 도로에 문제가 생기기만 하면 항상 무언가를 추가하려고 했다. 이에 착안한 한스 몬더만은 기존의 것들을 하나씩 제거해나갔다. 좁은 S자 도로, 교통신호, 안내선, 가드레일, 제한속도 등을 없애고 마을 풍경을 살렸다. 그 결과 놀라운 성과가 났다. 평균속도, 대기시간, 사고는 절반으로 줄어들었다. 일부 지역에서는 완전히 사라졌다. 반면 전반적인 효율성과 만족도는 두 배로 증가했다. 놀라운 일이다. 아무도 집안에 '침을 뱉지 마시오.'라고 써 붙여놓지 않는다. 우리를 둘러싼 환경적, 문화적 신호들이 구성원의 행동방식을 결정하는 것이다.

이상적인 교통 시스템을 위해서는 스케이트장을 벤치마킹하는 것이 좋다. 스케이트장은 무척 복잡하다. 하지만 사람들은 별문제 없이 즐긴다. 어떤 사람은 가장자리를 돌고, 또 어떤 사람은 링크 중앙에서 스핀과 점프실력을 뽐낸다. 전문가도 있고 초보자도 있다. 뒤로 가는 사람도 있고 속도도 제각각이다. 뭔가 엄청나게 혼란스럽다. 한 방향으로 도는 것 말고는 별다른 규칙이 없다. 하지만 대형사고는 발생하지 않는다. 간혹 흐름을 방해하는 사람들이 있지만 곧 다른 사람에 의해 흐름 속으로 들어간다. 대부분 사람들은 처음 아이스링크에 들어서는 순간 두려움을 느끼지만 곧 그곳에 익숙해진다. 인간은 복잡한 상황에 대처할 능력을 가지고 있다. 신호와 선은 사람들이 사회적 책임을 다하는 것을 방해할 뿐이다. 이런 장치는 상황을 해석하고 대처하는 인간의 능력을 없앤다. 사람들은 통제장치가 많을수록 스스로 생각할 필요성을 느끼지 않는다.

완벽함이란 무엇일까? 내가 생각하는 완벽함은 더 이상 더할 것이 없는 상태가 아니라 더 이상 뺄 것이 없는 상태이다. 단순한 것이 본질적인 것이다. 성숙한 경지에 이르면 단순해진다. 거기 모든 것이 포함되기 때문이다. 단순함이란 불필요한 것을 모두 덜어내고 반드시 있어야 할 것만으로 이루어진 결정체 같은 것이다. 본질적인 것만 집약된 모습이다. 복잡한 것을 다 소화하고 궁극의 경지에 이른 상태를 말한다. 우리는 늘 무언가를 채우려 한다. 더하려 한다. 많이 하고 더 하는 것이 좋다고 생각한다. 하지만 그렇지 않다. 우아하게 살기 위해서는 없애고 멈추고 생략하는 것이 필요하다.

준비하면 사라진다

차의 기름을 꽉 채워서 갖고 다니는가, 아니면 바닥을 드러낼 때까지 타고 다니는가? 기름을 넣을 때 만땅을 외치는가, 아니면 몇만 원어치를 달라고 말하는가? 자동차 전문가 중에는 기름 무게가 연비에 영향을 미치기 때문에 만땅은 피하라고 조언한다. 하지만 난 만땅을 선호한다. 기름을 가득 채워야 기분이 좋다. 반대로 기름이 반 이하로 떨어지면 불안하다. 그래서 기름이 바닥나 차 시동이 꺼졌다는 얘기를 들으면 나와는 정말 다른 사람이란 생각을 하게 된다.

격주에 한 번 『동아 비즈니스 리뷰』에 서평을 쓴다. 별거 아닌 것 같지만 책을 읽고 A4 다섯 장 정도의 서평을 쓰는 일은 간단치 않다. 일단 책을 선정하기도 어렵고 핵심내용을 정리하기도 쉽지 않다. 무엇보다 많은 시간과 정성이 든다. 책을 읽는 데 이틀, 책 내용을 필사하고 정리하는 데 이틀 정도가 걸린다. 갑자기 할 수 없는 일이다. 처음에는 왜 그렇게 마감일이 빨리 오는지 당황했다. 요즘은 요령이 생겨 적어도 5개

이상의 재고는 늘 갖고 있다. 그래야 기분이 좋다.

 대학 다닐 때 공부를 열심히 하지 않았다. 수업도 잘 듣지 않고 수업에 들어가도 딴생각을 자주 했다. 시험 때가 되어도 사정은 나아지지 않았다. 이성적으로는 공부하는 것이 맞는데 감정적으로는 공부가 너무 하기 싫은 것이다. 시험 때일수록 좋은 건수가 많이 생겨 공부할 시간이 없었다. 좋은 건수가 생긴 게 아니라 좋은 건수를 자꾸 만들어 회피했던 것 같다. 놀기는 놀지만 노는 것에 집중하기 어려웠다. 스멀스멀 불안감이 올라왔기 때문이다. 결국 이틀 전부터 부랴부랴 시험 범위를 확인하고 친구 노트를 빌리고 공부를 시작한다. 여차하면 커닝이라도 해야지 생각하면서 커닝페이퍼를 만들기도 했다. 근데 커닝페이퍼를 사용한 적은 별로 없다. 커닝페이퍼를 만들면서 외워졌기 때문이다. 무엇보다 공부하면서 좋았던 점은 좀처럼 사라지지 않던 불안감이 어느새 사라진 것이다.

 누구나 불안감을 갖고 있다. 대부분의 불안에는 이유가 있다. 본인이 인지하는 경우도 있고 그렇지 않은 경우도 있다. 하지만 이유 없는 불안은 없다. 시험은 닥쳐오는데 공부를 하지 않으면 불안하다. 마감일이 다가오는데 원고를 써놓지 않으면 불안하다. 은행 잔고가 없는데 흥청망청 쓰면 불안하다. 생전 운동하지 않으면서 날이면 날마다 술을 퍼마시면 불안하다. 조만간 몸에 이상이 올 것을 알기 때문이다. 그렇기 때문에 불안을 없애는 최선의 방법은 불안의 원인을 없애는 것이다. 하기 싫어도 꼭 해야 할 일이 있으면 해치우는 것이다.

직장을 다니는 사람들의 공통 심리 중 하나는 불안과 두려움이다. '지금은 그런대로 먹고살 수 있지만 만약 직장을 그만두게 되면 어떻게 하지?'란 생각이 늘 머릿속에 있기 때문이다. 나이가 젊고 직장에서 인정을 받을 때는 덜 한다. 하지만 나이가 들고 직장에서 눈치를 주기 시작하면 불안감은 커진다. 나 역시 그랬다. 누구나 가질 수밖에 없는 원초적 불안이다. 누구도 이로부터 자유로울 수 없다. 만약 자신의 주특기가 명확하고 직장을 나가도 생계를 꾸릴 수 있다는 자신감이 있다면 이런 불안은 사라질 것이다. 핵심 키워드는 바로 미리미리 철저히 준비하는 것이다. 일이 닥치기 전에 대비하는 것이다.

해야 할 일을 하지 않을 때 불안은 찾아온다. 귀찮고 하기 싫어도 꼭 해야 할 일을 할 때 마음의 평화는 찾아온다. 평소에 운동을 열심히 하면 건강에 대한 염려는 사라진다. 전쟁에 많이 대비할수록 전쟁에 대한 불안은 없어진다. 내일을 위한 최선의 준비는 오늘의 일을 가장 훌륭하게 하는 것이다.

단점이 장점이 된다

지인 중 하나는 외모가 매우 수려한 노처녀이다. 얼굴도 예쁘고 몸매도 좋은 매력적인 여성이다. 헬스장 트레이너를 하다가 필라테스 강사를 하다가 요즘은 화장품 네트워크 마케팅을 한다. 자신이 하는 일을 좋아해 매우 열정적으로 일하고 성과도 제법 나는 편이다. 일하는 데 가장 큰 애로가 뭐냐는 질문에 이렇게 답한다.

"제 화려한 외모가 가장 큰 장애입니다. 좀 평범했으면 좋겠습니다. 사람들이 제가 다루는 제품에 관심을 갖지 않고 자꾸 외모에 관심을 갖습니다. 남성고객 중에는 제품보다는 제게 다른 마음을 품고 접근하는 경우가 많아요. 조금 친해지면 본심을 드러내고 제가 거절하면 이후 딱 관계를 끊는 경우도 많아요. 같은 여자들도 저를 객관적으로 보지 않아요. 성과가 나도 색안경을 쓰고 봅니다. 이래저래 오해를 많이 받아요. 제 외모가 평범하면 훨씬 사업하기가 수월했을 것이란 생각입니다."

그 얘길 들으면서 『오체투지』란 책이 떠올랐다. 뇌성마비를 겪던 한경혜 씨가 매일 1,000배를 하면서 장애를 극복한 얘기를 적은 책이다. 그 책에서 성철 스님이 저자에게 이런 얘기를 한다.

"경혜야, 수행하는 데 있어 너무 잘생겨서 남의 눈에 잘 띄는 것은 안 좋단다. 그 사람은 장애보다 더 큰 마장이 있어서 아무것도 못해. 사람들이 따라다니니까, 그것도 보통 마장이 아니거든. 그래서 진실하게 수행하는 사람들은 다음 생애는 못생기고 아무도 거들떠보지 않는 사람으로 태어나게 해달라고 한단다. 오히려 너 같은 경우에는 너의 치명적 단점이 수행할 때는 최대의 장점이 될 수 있는 거야. 그러니까 한쪽에서는 선택받은 거지. 내가 말하는 수행이란 살아가는 그 자체라는 것은 알지?"

너무 예쁜 것이 오히려 사람들 눈에 띄어 일에 방해가 되고 장애를 갖는 것이 수행에는 도움이 된다는 것이다. 마장을 없애는 가장 빠른 길이 바로 참회이다. 그래서 그녀는 매일 1,000번씩 절을 했고 덕분에 장애를 극복한 것이다.

여러분은 어떤 장점을 갖고 있는가? 어떤 단점을 갖고 있는가? 장점은 좋고 단점은 나쁘다고 생각하는가? 내 생각은 다르다. 장점이 단점이 될 수 있고 단점 또한 장점이 될 수 있다. 남들과 똑같이 보는 대신 남들과 다르게 볼 수 있어야 한다. 장점에서 위험한 면을 찾아 조심해야 하고, 반대로 단점을 장점으로 승화시킬 수 있어야 한다. 때로는 단점이 장점이 된다. 난독증이 그렇다. 난독증은 선천적인 읽기 장애이다. 이들은 문자를 제대로 읽지 못한다. 큰 약점이다.

근데 성공한 기업가 가운데 유난히 난독증 환자가 많다. 버진그룹의 리처드 브랜슨, 이케아의 잉바르 캄프라드, 제트블루의 데이비드 닐, 증권사 찰스슈왑의 찰스 슈왑, 시스코의 존 체임버스 등은 모두 난독증을 갖고 있다. 이들은 사람들과 잘 사귀지 못한다. 열등생이 많아 아웃사이더로 자란다. 근데 덕분에 혁신가가 된 것이다. 이들은 자기만의 세계에 빠져 있을 가능성이 높다. 다른 사람의 시선에 상관하지 않고 위험을 무릅쓰고 새로운 세계에 도전한 덕분에 최고의 기업가가 된 것이다.

쉽게 빠져드는 중독성도 그렇다. 중독성은 매우 위험하다. 술이나 게임, 도박, 마약 등등……. 하지만 역으로 무엇에 빠지지 않고는 성공을 거두기 어렵다. 악기든 미술이든 스포츠든 빠져야 한다. 괴짜로 비칠 수 있다. 편집광만이 살아남는 것이다. 고집스러운 것도 그렇다. 남의 말을 잘 듣지 않으면 고집불통이란 말을 듣는다. 근데 성공한 사람들은 고집스러운 면이 있다. 특히 어떤 일을 추진할 때 그렇다. 주변 사람들이 아무리 말려도 듣지 않는다. 만약 이병철 회장이 주변 사람 말을 들었다면 반도체에 투자했을까? 정주영 회장이 자동차에 투자했을까?

이런 것을 보면 세상에 좋기만 한 것은 없다. 나쁘기만 한 것도 없다. 좋은 것과 나쁜 것은 늘 섞여 있다. 장점이 단점이 되고 단점이 장점도 된다. "재능도 일종의 짐이다. 재능 때문에 평생을 힘들게 지낼 가능성이 높다. 재능을 믿는 자가 받는 선물은 필패이다. 노력을 신봉하는 자가 받는 선물은 필승이다." 소설가 조정래 선생의 말이다.

이타적 이기주의자

가장 이기적인 게 가장 이타적이다. 아주 일을 잘해 초고속 승진을 했는데 그는 이기적인 사람이다. 자신을 위해 모든 일을 한다. 그는 부하직원이 실수해도 혼내지 않는다. 왜? 혼내면 실수를 숨길 것이고 그럼 더 큰 문제가 생긴다. 뭔가 일을 시킬 때 아주 상세히 설명해준다. 왜? 그래야 실수하지 않기 때문이다. 자신의 휴가 일정을 함께 협의해 결정한다. 왜? 그래야 자신도 휴가를 갈 수 있기 때문이다. 이기적인 것과 이타적인 것은 통한다. 가장 이기적인 것이 이타적이다.

지는 리더가 이기는 리더이다

똑똑한 상사, 모르는 게 없는 상사, 답정남(답이 정해진 남자) 같은 상사는 좋은 상사가 아니다. 그런 상사 앞에서 직원은 늘 작아진다. 자신이 아무것도 아니란 생각을 하게 된다. 아이디어도 사라지고 아이디어가 있어도 얘기하길 꺼리게 된다. 당연히 조직은 리더만 바쁘고 직원은 한가한 조직이 된다. 어떻게 하면 좋을까? 직원들에게 숨쉴 공간, 편안한 분위기를 만들 수 있어야 한다.

어떻게 하면 될까? 알아도 모르는 척해야 한다. 지시 대신 질문할 수 있어야 한다. 질책 대신 설명이나 부탁을 할 수 있어야 한다. 자기 의견 대신 직원 의견을 먼저 물어야 한다. 상사의 의견은 지시의 다른 형태이기 때문이다. 자신의 잘못을 시인할 수 있어야 한다. 거기까진 아직 생각하지 못했다고 고백할 수 있어야 한다. 직원 얘기를 열심히 듣고 그것을 요약해 다시 물어볼 수 있어야 한다. 모르는 것은 솔직하게 모른다고 인정할 수 있어야 한다.

상사가 하는 말에 직원이 "그거 아닌데요. 제 생각은 다릅니다."라고 반문할 수 있어야 한다. 리더가 틀린 걸 쉽게 받아들이면 조직이 틀릴 가능성은 줄어든다. 반대로 리더가 틀린 걸 받아들이지 않으면 시장에서 리더가 틀렸다는 것을 증명해줄 것이고 비용은 엄청날 것이다. 부하에게 지는 리더가 사실 이기는 리더이다. 부하에게 이기고 시장에서 장렬하게 전사한 수많은 리더가 그걸 증명한다.

할 것과 하지 않을 것

M&M 초콜릿과 펫 사료 등으로 유명한 마즈는 매출이 40조 원 가까이 되는 글로벌 기업이다. 자사 제품을 위한 포장회사, 물류회사, IT 회사를 하면 돈을 벌 수 있지만 절대 하지 않는다. 자기들이 정말 잘할 수 있는 것에만 에너지를 쓰고 싶기 때문이다. 경영 효율화는 '선택과 집중을 통한 성장과 가치창출 극대화'이다.

효과적이란 말은 자기가 할 수 있는 일, 잘할 수 있는 일을 선택하고 거기에 모든 자원을 집중하는 것이다. 반대말은 할 수 없는 일, 잘하지 못하는 일은 하지 않는 것이다. 하지만 현실은 그렇지 않다. 무엇이든 잘하려 하고 그런 사람을 칭송한다. 기업도 돈이 되는 일이면 가리지 않고 한다. 팔방미인이란 뒤집어 생각하면 제대로 하는 것이 없는 사람이다. 모든 것을 잘하는 것은 제대로 하는 것은 없는 사람이란 의미이다. 기업도 그렇다. 그런 의미에서 경영자가 할 일은 두 가지다. 정확한 방향을 제시하는 것과 할 것과 하지 않을 것을 명확히 구분하는 것이다. 바로 선택과 집중이다.

스페인에 있는 세계적 레스토랑 엘 블리의 페란 아드리아는 세계 최고의 요리사이다. 그는 '더 적지만 더 좋게'라는 원칙을 갖고 있다. 전통 요리에서 정수라고 할 만한 것을 추려 재해석하고 예약자가 연간 200만 명에 달하지만 하룻밤에 오직 50명만 예약을 받는다. 그나마 1년의 반은 연구를 위해 문을 닫는다. 그는 레스토랑을 요리연구소로 생각한다. 워렌 버핏의 투자철학도 비슷하다. 확실하게 알고 있는 분야에만 집중적으로 투자한다. 한때는 전체 투자금액의 90%를 단 열 곳에 투자하기도 했다. 단순히 좋다고 하는 투자 기회는 다 버리고 소수 기회에 자신의 자원을 집중하는 것이다. 대신 오랫동안 주식을 보유한다.

선택이란 무얼까? 무엇을 할 것인가 결정하기 전에 하지 말아야 할 것을 결정하는 것이다. 선택을 위해서는 정리정돈의 프로세스가 필요하다. 정리는 버리는 것이고 정돈은 버린 후 찾기 쉽게 재배치하는 것을 뜻한다. 선택도 그렇다. 선택이라 하면 이것도 해야 하고 저것도 필요하다고 생각한다. 나중엔 일에 치여 죽도 밥도 되지 않는다. 선택은 하지 말아야 할 것을 먼저 선택하는 일이다. 그래서 여유를 얻고 그걸로 정말 잘하는 일, 하고 싶은 일을 하는 과정이다. 불필요한 것들이 정말 중요하고 필요한 것을 방해하면 안 된다.

선택과 집중의 중요성을 모르는 사람은 없지만 실행으로

옮기는 기업은 별로 없다. 정신없이 일하다 보니 벌어지는 현상이다. 그러다 보면 어느 날 돌이킬 수 없는 위기가 온다. 이를 방지하는 최선의 방법은 혼자만의 시간을 갖는 것이다. 모든 것과 단절하고 차분히 자신의 과거와 현재를 뒤돌아보는 것이다. 지금 행복한지, 지금 하는 일을 죽을 때까지 해도 괜찮은지, 그래도 후회하지 않을 자신이 있는지 등등……. 조직도 그렇다. 조직도 혼자만의 시간이 필요하다.

마케팅 회사 컨버세이션스는 매우 빠른 속도로 성장 중이다. 근데 이 회사는 매월 첫째 월요일을 두낫콜데이Do not call day로 정하고 그날은 전화와 이메일을 할 수 없다. 할 수도 받을 수도 없다. 특정 업무도 없다. 대신 회의실 한 곳을 잡고 종일 그곳에 머물면서 자유롭게 얘기하고 생각하면서 하루를 보낸다. 계속 바쁘게 일만 하다 보면 정말 중요한 게 뭔지 생각할 수 없기 때문에 만든 시간이다. 정말 소중한 것을 알기 위해서는 가끔 숨을 가다듬고 주위를 돌아보고 생각할 시간을 가져야 한다. 선택한 후에는 집중할 수 있어야 한다. 우리가 세운 목표, 지금 하는 일, 앞으로 하고자 하는 일이 한 방향 정렬이 되어 있는지를 끊임없이 따져봐야 한다. 만약 목표와 거리가 있는 일을 하고 있다면 과감히 버려야 한다. 목표를 달성하는 데 정말 도움이 될 만한 일을 찾아 거기에 에너지를 집중해야 한다.

주변에 정신없이 사는 사람들이 있다. 남들이 하는 건 다

해보려고 한다. 철 따라 꽃구경도 하고 단풍놀이도 한다. 골프도 쳐야 하고 1년에 두세 번은 종교순례도 가야 한다. 운동도 하고 친교활동도 한다. 공부 욕심도 많아 온갖 공부모임은 다 쫓아다닌다. 하루도 빈 날이 없다. 몇 달치 점심 저녁 약속이 다 차 있다. 그러다 보니 그는 늘 피곤하다. 몸 전체로 그걸 애기하고 있다. 또 제대로 하는 일도 없다. 다 변죽만 울린다는 느낌이다. 모든 일을 다 하려는 것은 아무것도 하지 않으려는 것과 같다.

담이 좋은 이웃을 만든다

어느 조직이건 문제점에 대해 질문하면 꼭 나오는 답변이 있다. 부서 간 장벽이 바로 그것이다. "부서 간 장벽이 높아 협조가 되지 않아요. 우리 회사 부서 간 장벽은 원자력발전소의 안전벽보다 더 두꺼워요. 사실상 한 지붕 세 가족입니다……. 등등" 다들 부서 간 장벽이야말로 조직발전의 제일 큰 장애물이라고 생각하는 것 같다. 과연 그럴까? 부서 간 장벽이 그렇게 나쁜 것일까? 그렇다면 장벽을 없애면 어떤 일이 벌어질까? 엄청난 혼란이 올 것이다.

부서 구분이 없으면 모두가 공을 쫓는 동네축구를 하게 될 것이다. 부서 구분이 없으면 역할에 대한 정립이 없고 역할에 따른 책임도 없다. 그렇게 되면 일이 생길 때마다 그 일을 누가 어떻게 할 것인지, 문제가 생겼을 때 책임을 누가 질 것인지 정하느라 정신이 없을 것이다. 지금 조직은 오랜 세월 기업을 운영하면서 생긴 노하우의 결과물이다. 필요하기 때문에 만들어진 것들이다. 벽은 필요하다. 장벽은 필요에 의해 만들어진 것이다. 다만 벽을 쌓고 오래 일하다 보니 그 벽이 너무 높고 두꺼워 원래의 목적을 상실하고 생산성을 떨어뜨린다는 데 있다.

담은 당연히 필요하다. 생산 부서는 생산해야 하고 영업 부서는 영업해야 한다. 문제는 담 때문에 벌어지는 것이 아니다. 부서 역할에 너무 충실한 나머지 전체 조직의 이익보다는 부서 이익을 중시하기 때문이다. 부서 이익을 위해 전체 이익을 희생하는 일이 발생하기 때문이다. 부서가 회사를 위해 존재하는 것이 아니라 부서 그 자체를 위해 일하게 되는 것이 문제다. 이 문제를 해결하기 위해서는 가장 먼저 조직의 사명과 방향성을 명확히 해야 한다. 모든 구성원이 그걸 공유하고 몸으로 체득해야 한다. 수시로 지금 하는 일이 조직의 사명과 일치하는지 그렇지 않은지를 뒤돌아봐야 한다. 그래야 부서 간 갈등이 생겼을 때 해결의 기준점을 마련할 수 있다. 네가 옳으니 내가 맞니 하고 다투는 대신 조직의 사명이란 잣대에 비추어 보면 해결의 실마리를 찾을 수 있다.

다음은 우리 부서의 존재 목적을 확실히 해야 한다. 존재의 이유를 알아야 한다. 인사나 총무 같은 지원부서의 일차고객은 현장부서이다. 현장 사람들이 제대로 일할 수 있도록 도와주는 것이 그들의 역할이다. 근데 어느 회사는 지원부서의 힘이 현장보다 더 강하다. 지원부서가 현장부서 위에 군림한다. 현장부서가 어떤 일을 하고 얼마나 중요한지를 모르는 무지에서 일어나는 일이다. 이런 문제를 해결하기 위해서는 신입사원은 몇 달간 현장부서에서 일정 기간을 일하게 하면 어느 정도 해결할 수 있다. 마지막으로 다른 부서가 어떤 일을 하는지 알아야 한다. 대부분의 갈등은 모르기 때문에 발생한다. 자기 부서가 하는 일만 중요하고 다른 부서는 그저 그런 일을 한다고 생각하기 때문에 발생한다. 이 문제 또한 순환보직 같은 다양한 제도를 도입해 다른 부서에 대한 이해도를 높이면 해결이 가능하다.

자아가 형성되지 않은 아기들은 너와 나의 구분이 없다. 내가 너고 네가 나이다. 그렇기 때문에 잘 어울려 논다. 자아가 형성되기 시작하면 나와 너를 구분하고 낯을 가리게 된다. 그렇지만 벽이 낮아서 쉽게 친해진다. 나이가 들고 자아가 강해지면서 그 담은 높아진다. 가진 게 많아지거나 직급이 올라갈수록 그 담은 점점 높아지고 두꺼워진다. 당연히 다른 사람들과 쉽게 친해지지 못한다. 자신을 과대평가하고 자신을 대단한 사람으로 생각하기 때문이다.

나이를 먹어 죽을 날이 가까워 오면 그 담은 다시 낮아진다. 그때가 되면 내가 가진 것, 내가 아는 것, 나란 존재가 별거 아니란 사실을 다시 깨닫기 때문이다. 살면서 담이 없을 수는 없다. 담이 있어야 한다. 너와 나를 구분해야 한다. 하지만 담이 있는 것과 그 담이 높은 것은 다른 얘기이다. 내가 원하는 담은 나지막한 담이다. 담은 있지만 서로 볼 수 있고 얘길 나눌 수 있는 담이다. 너와 나를 구분하지만 너와 나를 구분하지 않는 담, 있지만 없는 것 같은 담, 구분이 애매 모호한 경계 같은 담이다. 좋은 담이 좋은 이웃을 만든다.

단호할수록 망가진다

정치인 역할이 가장 쉬운 것처럼 보인다. 평소에는 아무 일 하지 않고 있다가 뭔 일이 생기면 입술을 굳게 깨물고 "단호하게 대처하겠다. 진상을 철저히 조사해 엄벌하겠다. 불순세력을 찾아내 발본색원하겠다."라고 엄숙하고 경건한 표정을 지으며 말하면 되기 때문이다. 난 그런 정치인들을 볼 때마다 그들의 속내가 궁금하다. 과연 그들이 지금의 사건을 예상했을까? 일어난 사건에 대해 공감하고 있을까? 자기 잘못이라고 생각하고 있을까? 아닐 것이다. 왜 하필 자신이 이런 보직을 맡고 있을 때 저런 일이 일어났을까 하며 재수 없다고 생각할 가능성이 높다.

무엇보다 그들이 문제를 해결할 능력이 없을 거란 생각에 더 답답하다. 어떤 일이 벌어지기 전 사전에 비슷한 사건이 이미 여러 번 반복됐을 것이고, 그건 개인이나 조직의 문제가 아닌 시스템의 문제일 가능성이 높다. 이 사건의 마무리를 잘한다고 다음 사건이 일어나지 않는 건 아니다. 근데 그 사람 얼굴이나 그동안의 커리어를 보면 그런 문제를 해결할 만한 사람이 아니다. 관심도 없고 역량은 더더욱 없는 사람이다.

그런 건 말로 할 필요가 없다. 말로 한다고 사람들이 믿는 것은 아니다. 그냥 행동하고 나중에 결과로 보여주면 된다. 자꾸 그런 말을 하는 이유는 일단 이 순간을 모면하고 보자는 심리 때문이다. 그들도 속으로 알고 있을 것이다. 자신은 그런 문제를 해결할 만한 사람이 되지 못한다는 것을. 뭔가 변화를 꾀할 때는 통찰력을 발휘해야 한다. 왜 자꾸 이런 일이 일어날까, 무엇을 어떻게 해야 근본적으로 이런 문제를 해결할 수 있을까를 생각하면 된다. 그건 개인의 문제가 아니라 시스템의 문제이다. 시스템이란 '그렇게 하라고 말하는 대신 그렇게 될 수밖에 없게 만드는 일'이다.

수년 전 모 기업을 컨설팅한 적이 있다. 갑자기 핵심 인재들이 몇 명 빠져나가고 경영진 간에 분란이 생기면서 직원들이 동요하자 날 찾아온 것이다. 일단 얘기를 듣고 보니 문제는 심각했다. 경영진의 얘기는 대충 이러했다. "모든 직원이 불만투성이다. 특히 열심히 하는 직원들의 불만이 크다. 왜 열심히 하는 자신들과 노는 직원들이 같은 대접을 받아야 하느냐는 것이다. 고객으로부터의 불만도 크다는 것이다. 기업을 방문해도 인사도 안 하고 문제가 발생해도 접점에서 제대로 된 조치가 이루어지지 않는다는 것이다." 전체 직원이 많지 않아 일일이 일대일 면담을 했는데 상당수가 문제가 있었다. 자신들이 왜 월급을 받는지, 회사를 위해 무엇을 해야 하는지에 대한 인식이 부족했다. 그저 취직한 것을 큰 권리로만 생각하는 것 같았다. 자신이 받을 거만 생각했지 회사를 위해 무얼 할지는 별로 생각하지 않았다.

우리는 팀 제도를 프로젝트 베이스로 바꾸고 자신이 일한 만큼 받아가는 걸로 평가제도를 바꾸었다. 그렇게 되자 긴장감이 돌면서 몇몇 사람이 찾아왔다. 자신이 한 일에 대한 평가를 하자 위기감을 느낀 사람들이다. 몇몇 사람들은 알아서 나갔다. 새로운 사람들이 들어왔다. 이때 엄격한 기준을 적용해 채용에 정성을 들였다. 덕분에 좋은 사람들이 많이 왔다. 그러면서 조직의 분위기가 바뀌었다. 1년쯤 지나자 이 회사가 과거의 그 회사일까 하는 생각이 들 정도로 변했다.

이 과정에서 쓸데없는 소리는 하지 않았다. "회사가 위기다. 충성을 다해라. 단호하게 조처하겠다." 같은 얘기는 더더욱 하지 않았다. 사람은 그런다고 바뀌지 않는다. 문제를 파악하고 근본 원인을 찾아 거기를 손보면 된다. 이 회사의 문제는 채용과 잘못된 평가제도였다. 엉뚱한 사람을 뽑고 그런 사람을 팀장으로 앉히니 조직 전체가 문제가 있는 것처럼 보이는 것이다. 잘못된 사람을 내보내고 일한 사람이 대접받게 하니 많은 문제가 눈 녹듯 사라졌다.

거짓말을 하는 사람일수록 자신을 믿어달라고 눈을 부라린다. 억지를 부릴수록 목소리는 커진다. 내용이 부실할수록 보고서 두께는 두꺼워진다. 말이 결연할수록 실행력은 약해진다. 엄숙한 사람들은 대개 엄숙하지 않게 산다. 참 인생은 역설적이다.

확신을 조심하라[*]

CEO들은 직원들에게 주인의식을 강조한다. 내 회사처럼 생각하고 과감하게 도전하라는 것이다. 나도 회사 다닐 때 그런 얘기를 많이 들었다. 그럴 때마다 난 '주인의식이 뭘까?'란 생각을 했다. 내가 생각하는 주인의식의 정의는 주인을 의식하라는 것이다. 그래야 회사를 오래 다닐 수 있다는 것이다. 근데 왜 그런 말이 잘 먹히지 않을까? 첫째는 주인이 아닌 사람에게 주인처럼 행동하라는 것 자체가 무리이다. 간혹 주도적인 사람은 그렇게 생각하지만 대부분의 사람들은 자기 주제를 잘 파악하고 있다. 또 다른 이유는 손실회피 경향 Loss aversion 때문이다. 무언가를 얻는 것보다 무언가를 잃는 것을 더 두려워하는 경향이 있기 때문이다. 주인처럼 행동하는 것보다는 주인처럼 행동하다 잘못되어 뭔가를 잃는 것이 두려운 것이다.

난 확신에 찬 사람들을 조심한다. 그런 사람들을 볼 때마다

---

[*] 이 글의 많은 부분은 『스마트한 생각들』이란 책에서 나왔습니다.

그 확신의 근거가 뭔지를 묻고 싶다. 세상에 믿지 못할 게 사람의 믿음과 기억이다. 잘못될 가능성이 높다. 사람들은 보고 싶은 것만 보려 하기 때문이다. 믿고 싶은 것만을 믿으려 하기 때문이다. 이게 확증편향이다. 확증편향에 빠지면 기존 지식과 모순되는 새로운 정보는 받아들이지 않고 걸러낸다. 종교적 확신과 철학적 확신은 그것이 지닌 애매모호함 때문에 확증편향이 자라기에 적절한 토양이 된다.

경제 저널리스트들도 그런 오류를 자주 범한다. 그들은 종종 값싼 이론을 하나 만들고 거기에 서너 개의 증거를 갖다 붙인다. 예를 들어 창조적 기업문화와 기업 발전의 상관관계 같은 것이다. 대표적으로 창조적 기업 구글을 예로 든다. 3M 같은 회사도 예로 든다. 창조적 기업문화를 만들었기 때문에 성공했다는 식이다. 하지만 반대의 노력은 별로 하지 않는다. 전혀 창조적이지 않지만 경영 상태가 좋은 숱하게 많은 사례는 외면한다. 확증편향에 맞서 싸울 수 있어야 한다. 이를 위해서는 자기 이론에 맞는 증거 못지않게 맞지 않는 증거에 귀를 기울여야 한다. 찰스 다윈은 젊은 시절부터 확증편향에 맞서 싸우는 것을 습관화했다. 그는 관찰 결과들이 자기 이론과 어긋날 때면 언제나 그 점을 가장 진지하게 고민했다. 자기 이론이 옳다고 확신할수록 그와 모순되는 것을 더 활발히 찾아 나섰다.

사람은 이성적인 동물이 아닌 감정적인 동물이다. 행동도 합리적이지 않은 경우가 많다. 이스라엘 학자 바 엘리는 축구에서 페널티킥을 차는 선수와 골키퍼를 관찰했다. 차는 방향을 보니 왼쪽 3분의 1, 오른쪽 3분의 1, 가운데가 각각 3분의 1이었다. 근데 볼을 막는 골키퍼의 반은 왼쪽으로, 나머지 반은 오른쪽으로 몸을 날렸다. 가만히 있는 골키퍼는 없었다. 볼의 3분의 1은 가운데로 온다. 그런데 왜 가만히 있는 골키퍼는 없을까? 왜 그들은 가만히 있지 못할까? 가만히 있는 것보다는 뭐라도 하는 것이 마음이 편하기 때문이다. 이게 행동편향action bias이다. 일상에서도 이런 현상은 나타난다. 사람들은 상황이 불분명할수록 뭔가를 하고 싶은 충동을 느낀다. 하지만 그럴수록 상황은 나아질 것은 없고 더 나빠진다. 상황이 분명하지 않으면 가만히 있는 게 남는 것이다. 산에서 길을 잃어버리면 그 자리에 있는 것이 유리한 것과 같다. 사업도 그렇고, 증권투자도 그렇고, 자녀와의 문제에서도 이런 경우는 종종 있다.

확신이란 무엇일까? 확신은 어디에서 오는 것일까? 확신에는 어떤 근거가 있을까? 확신은 무지에서 올 가능성이 높다. 아는 것이 오로지 그것뿐인 사람들은 확신으로 넘치고 아는 것이 많아질수록 자신의 생각을 의심할 가능성이 높다. 아는 것이 늘어나면 자신의 생각이 틀릴 수도 있다는 생각이 든다. 무지한 사람들은 자신이 무얼 모른다는 사실을 인정하지 않는다. 페이스북에서 본 알량한 사실 몇 가지를 갖고 확신에 넘쳐 목소리를 키우고 남을 비방한다.

확신은 잔인한 사고방식이다. 확신은 가능성을 외면하도록 정신을 고정시키고 실제 세상과 단절시킨다. 확신은 나의 확신을 공유하지 않는 사람을 적으로 돌린다. "확신은 거짓말보다 위험하다. 진실에 관한 한 확신은 거짓말보다 위험한 적이다." 니체의 말이다. "난 신념에 가득 찬 자들보다 의심에 가득 찬 자를 신뢰한다. 사실에 바탕을 둬 의견을 만들고, 의견에 바탕을 둬 신념을 만들고, 신념에 바탕을 둬 정의를 만들고, 정의에 바탕을 둬 지향점을 만들어라. 이게 갈 길이다." 김훈의 말이다. 확신하지 않는 것이 가장 큰 확신이다.

원칙과 융통성

원칙과 융통성은 같이 다닌다. 원칙 하면 융통성이 떠오르고 융통성 하면 원칙이 떠오른다. 근데 사람들은 둘을 구분 지어 생각한다. "원칙주의자" 하면 뭔가 딱딱하고 답답하고 고리타분하게 생각한다. 자기만의 틀 안에 갇혀 절대 자기의견을 굽히지 않는 사람을 연상한다. 융통성이 있다고 하면 부드럽고 상황대처 능력이 뛰어나고 오픈된 느낌을 받는다. 한편 자기의견이 없고 두루뭉술한 사람이란 생각도 한다. 당신은 둘 중 어디에 해당하는가? 둘 사이에는 어떤 상관관계가 있을까? 보통은 택일의 문제로 생각한다. 원칙을 택하든지, 아니면 융통성을 택해야 한다고 생각한다.

자신을 표현할 때도 "전 원칙주의자입니다. 혹은 전 융통성을 중시합니다."라고 얘기한다. 둘의 관계를 생각하기 위해서는 먼저 두 단어의 정의를 생각해야 한다. 원칙原則은 근원 원原에 법칙 칙則이다. 근원이 되는 법이란 말이다. 영어로 원칙은 principle인데 어원은 라틴어 principium이다. 시작 혹은 근원이란 말이다. 원칙은 명확한 시작점이고 기준이고 룰이다. 융통성融性通은 녹일 융融에 통할 통通이다. 녹여서 통하게 한다는 뜻이다. 영어로는 flexible이란 단어가 적합할 듯한데 조금 느낌이 다른 것 같다. 유연柔軟 하면 부드럽고 유연한 이미지가 떠오른다. 유약하단 생각도 조금 든다.

내가 생각하는 두 단어는 선택이 아닌 선후의 관계이다. 공존의 관계로도 볼 수 있다. 앞이 있어야 뒤가 있을 수 있듯이 원칙이 있어야 융통성을 발휘할 수 있다. 원칙이 없으면 융통성도 없다. 원칙이 없는 융통성이란 죽도 밥도 아니다. 되는 일도 없고 되지 않는 일도 없다. 기준점이 없으니 옳은지 그른지의 기준점이 없다. 모든 사안에 대해 그때그때 판단하고 결정해야 한다. 내리는 사람도 헷갈리고 보는 사람은 더 헷갈린다. 이런 개인과는 관계를 갖지 않는 게 좋다. 이런 사람은 예측하기 어렵다. 그때그때 상황과 감정에 따라 행동이 달라지기 때문에 피곤하다.

만일 조직이 그렇다면 비극이다. 뚜렷한 원칙이 없는 조직의 원칙은 한 마디로 "그때그때 달라요."이다. 이런 조직에서 일하는 사람, 이런 조직의 감독을 받는 사람들은 삶이 힘들다. 자주 미치고 환장하는 일이 발생한다. 원칙이 확고해야 융통성을 발휘할 수 있다. 원칙이 왔다 갔다 하면 융통성을 발휘할 수 없다. 정말 중요하고 지켜야 할 것이 확실하면 나머지 부분에서 융통성을 발휘할 수 있다. 반대로 그게 불명확하면 융통성이란 단어는 의미가 없다. 그때의 융통성은 융통성이 아니다.

 원칙은 삶의 가치기준이다. 삶의 기준점이고 지향점이다. 내가 왜 사는지, 삶에서 가장 중요하게 생각하는 게 뭔지가 확실한 것이다. 조직도 그렇다. 존경받는 기업들은 미션이 명확하다. 지향점이 명확하다는 것은 그 외의 것에서는 얼마든지 유연성을 발휘할 수 있다는 것이다. 반대로 지향점이 분명하지 않으면 그때그때 기분에 따라 일을 처리하게 되고 상사의 눈치를 보게 되는 것이다. 당연히 행동에 일관성이 없고 실수할 가능성이 높아진다. 그런 의미에서 원칙은 바퀴의 중심축과 같다. 중심축은 움직이지 말아야 한다. 바퀴가 빠르게 돌수록, 아니 빠르게 돌기 위해서는 축이 흔들리지 말아야 한다. 축이 흔들흔들하면 바퀴는 빠르게 돌 수 없다. 원칙은 흔들리지 말아야 한다.

 원칙이 있어야 융통성이 있다. 원칙이 없으면 융통성도 없다. "평소 분명한 원칙을 세워두고 있으면 크게 망설일 일이 없습니다. 지금 내릴 결정이 원칙에 어긋나는지 아닌지만 판단하면 됩니다. 원칙에 어긋나지 않으면 받아들이고 어긋난다면 물리치면 그만입니다. 뒤집어 생각하면 원칙을 해치지 않는 것이면 모든 가능성을 열어두라는 뜻입니다. 말도 안 된다고 지레 쳐내버리지 말고 '정말 안 될까?'를 생각해보는 겁니다. 원칙과 융통성은 함께 가야 합니다. 원칙이 뼈대라면 융통성은 근육입니다. 뼈는 혼자서는 못 움직이고, 근육이 움직여야 함께 움직입니다. 그러나 근육은 뼈 자체의 방향과 한계를 벗어나서 움직일 수는 없습니다. 근육이 뼈의 원래 각도보다 더 큰 움직임을 요구하면 부러지게 마련입니다." 김낙회 전 제일기획 사장이 쓴 『결단이 필요한 순간』에 나온 대목이다. 난 이 분의 의견에 완전히 공감한다. 원칙과 융통성의 관계를 제대로 보고 있다고 생각한다. 당신이 생각하는 원칙과 융통성의 관계는 무엇인가? 다른 생각이 있으면 듣고 싶다.

신의 직장의 역설

 단기적으로 편하고 좋아 보이지만 시간이 지나면 알게 된다. 단기적으론 '신의 직장' 같지만 장기적으로 '신이 버린 직장'이다.

5장
모든 진리는 역설적이다

창의성의 역설

 사람들은 없는 것을 구하고 찾는다. 가장 절망적인 사람이 가장 희망에 대해 많이 얘기한다. 불통이고 꼴통 조직일수록 소통의 중요성을 강조한다. 창의성도 그렇다. 창의성과 가장 거리가 먼 사람일수록 창의성 얘기를 많이 한다. 창의적인 사람이란 누구일까? 뭔가 세상에 없는 새로운 생각을 하고 새로운 제품을 만들어내는 사람이다. 처음 이런 생각에 대해 세상 사람들은 어떻게 반응할까? 쌍수를 들어 환영하며 어떻게 이런 생각을 했느냐고 찬양할까? 절대 그렇지 않다. 그들을 비난하고 무시하고 왕따시킬 가능성이 높다. 그들은 잘 섞이지 못한다. 공감대 형성도 하지 못한다. 그들은 모난 사람이고 사회 부적응자일 가능성이 높다. 사회의 메이저가 아닌 마이너일 가능성이 높다.
 창조경제는 창의적인 사람들이 자기 생각을 마음껏 펼칠 수 있을 때 가능하다. 창의성이란 창의성의 중요성을 강조한다고 생기는 것이 아니다. 오히려 그걸 강조하는 사람들이 창의성의 가장 큰 장애물일 가능성이 높다. 그들은 창의성이 뭔지, 창의성을 발휘하는 메커니즘이 뭔지를 모른다. 창의성은 창의적인 문화가 뒷받침될 때 가능하다. 문화란 그런 사람들이 모여들어 자신의 생각을 표현하고 자극하고 반응하고 인정하면서 만들어진다. 핵심은 경영진이다. 창의성에 대해 올바른 철학을 가진 사람들이 창의적인 사람들을 채용할 수 있어야 한다. 이들과 일하는 방법을 알아야 한다. 창의적인 사람들은 모난 사람들이기 때문에 일반인들 눈에는 거슬리는 행동을 할 가능성이 높다. 이들을 인정하고 인내할 수 있어야 한다.

창의적인 사람은 한 분야에 꽂혀 있는 경우가 많다. 다른 얘기에는 별 관심을 보이지 않지만 관련 얘기만 나오면 눈이 반짝하며 그에 관한 얘기를 쓰나미처럼 쏟아낸다. 그를 뽑기 위해서는 이력서를 보는 대신 눈을 열심히 봐야 한다. 좋은 대학이나 자격증에 현혹되어서는 안 된다. 창의적인 사람일수록 대학이란 틀을 견디지 못할 가능성이 높다. 창의성은 다양성이다. 창의성의 대척점에 획일화가 있다. 다양한 사람들이 존재하는가? 외국인, 장애인, 문신한 자, 중퇴자, 특이한 복장을 한 사람을 허하는가? 그들을 견딜 수 있어야 한다. 등잔 밑도 잘 살펴라. 창조적 커뮤니티도 자주 살펴라. 안에 그런 사람이 있을 수 있다.

그들을 뽑는 것 못지않게 그들과 일하는 방법이 중요하다. 무엇보다 그들을 어른으로 대접해야 한다. 유치한 건 직원이 아닌 관리자다. 그들은 말로는 창의성을 주장하지만 실제는 창의성의 최대 장애물이다. "안돼."라는 말을 함부로 해서는 안 된다. 세상에서 가장 쉬운 것은 반대하고 비난하는 것이다. 환경을 바꿔주어야 한다. 창의적 인재일수록 좋은 컨디션에서만 역량을 발휘한다. 컨디션이 나빠지면 창의성이고 뭐고 나올 수 없다. 이를 위해서는 충분한 수면, 식사, 평온함이 필수적이다. 창의적 인재들은 반짝반짝하는 사람들이다. 지루함을 견디지 못한다. 한 프로젝트만 맡기면 지루해할 수 있다. 동시에 여러 일을 하게끔 하는 것이 좋다. 많은 프로젝트를 해야 그중 성공한 프로젝트가 나온다. 양질 전환의 원리이다. 미리 생각할 거리를 주는 것이 유리하다. 무의식 안에 씨앗을 뿌려라. 시간이 지나면서 거기서 싹이 나올 것이다.

스티브 잡스가 한국 대기업에 들어올 수 있을까? 면접에서 떨어질 가능성이 높다. 대학을 나오지 않았기 때문이다. 설령 들어온다 해도 회사가 그를 용납하지 않았을 것이다. 회사 규칙을 따르지 않고, 다른 사람을 무시하고, 다른 부서와 갈등을 일으키면서 회사 내의 골칫거리로 부상할 것이다. 또 걸핏하면 인도로 명상여행을 떠나겠다고 주장할 수도 있다. 아마 그도 한국의 대기업을 견디지 못했을 것이다. 창조적인 사람을 원하는가? 그들을 뽑아 걸작품을 만들고 싶은가? 당신을 변화시켜야 한다. 그런 사람을 알아보고, 그런 사람이 신나게 일할 수 있고, 그들의 기행을 견딜 수 있어야 한다. 가장 창조적이지 않은 사람이 창조적인 사람을 뽑고 조직을 창조적으로 만들겠다는 발상 자체가 웃기지 않는가?

분류의 역설

얼마 전 모 회사로부터 사보에 실릴 글 청탁을 받았다. 리더십에 관한 글인데 다음과 같은 리더십의 특징과 거기에 맞는 사례와 보완점 등을 써달라는 내용이었다. 크게 네 가지였다. 부하들에게 도덕적으로 모범적인 모습을 보이는 진성 리더십, 역지사지를 부각시키는 공감 리더십, 지속적인 자아성찰과 각성을 통해 교훈을 습득하는 깨어 있는 리더십, 정서적 지능을 활용해 조직 구성원의 반향과 영감을 불러일으키는 공명 리더십 등이 그것이다. 그 내용을 보는 순간 마음이 불편했다. 몇 가지 의문이 생겼다.

리더십을 그렇게 구분할 수 있는 것일까? 어떤 리더는 솔선수범하고 어떤 리더는 공감만 하는가? 깨어 있지 않은 리더가 리더십을 발휘할 수 있을까? 마치 몸의 신체 부위에 대비해 어느 부위가 더 뛰어난가를 겨루는 내용 같아 청탁을 거절했다. 사실 난 글 청탁을 거절한 기억이 별로 없다. 오히려 좋아하는 편이다. 이유는 누군가 어떤 주제를 주면서 글을 부탁하면 그 순간부터 주제에 대해 공부를 하게 되고 그러면서 생각이 정리되기 때문이다. 그런 면에서 낯선 주제를 주는 것을 난 좋아한다. 그렇지만 이처럼 동의하지 않는 구분에 대해서는 거부감이 들었다.

뭔가 편 나누길 좋아하는 사람들이 있다. 구분하는 걸 취미로 하는 사람들이 있다. 만나자마자 학교와 고향을 묻고 대뜸 관련된 사람을 아느냐는 걸로 대화를 시작하는 사람들이 있다. 좌파인지 우파인지에 늘 촉을 세우고 감지하려 하는 사람들도 있다. 왜 그럴까? 자신감이 없기 때문이다. 혼자 있으면 광야에 던져진 느낌이 들기 때문에 스스로 좌표를 설정하는 것이다. 이를 위해 적군과 아군을 구분하고 좌파와 우파를 구분해 스스로를 거기에 위치하게 한다. 그럼 마음이 편하다. 둘째, 분석을 위해서이다. 대부분 사람들은 낯선 사람이나 상황을 만나면 본능적으로 분석을 한다. 리스크를 최소화하기 위해서이다. 엉뚱한 사람과 얽혀 힘든 상황을 만들고 싶지 않기 때문이다. 이런 식으로 자꾸 나누고 분석하면 상대를 파악하는 데 드는 시간과 비용을 절감할 수 있다. 머릿속에 분류표를 만들어놓고 기준점을 정립해놓으면 빠른 시간 내 상황파악을 할 수 있기 때문이다.

그런 면에서 나누는 것 자체를 뭐라고 할 수는 없다. 어떤 면에서는 당연한 행동이다. 사람들은 같은 성향의 사람을 좋아하고 다른 성향의 사람에 대해서는 불편함을 느낀다. 본능이다. 발전한다는 것은 어떤 면에서 자르고 또 자르면서 세분화하는 과정이다. 병원이 대표적이다. 외과, 내과, 피부과 등을 넘어 내과도 구분하고 또 구분한다. 내과의사 말로는 같은 위도 부위에 따라 나눈다고 한다. 위의 상부를 보는 의사, 중간을 보는 의사, 아래를 보는 의사가 따로 있다는 것이다. 병원뿐 아니다. 일상도 그렇다. 사람의 성향을 알기 위해 만든 분석도구 DISC, MBTI 같은 것도 그렇다. 한 번쯤 테스트해본 적이 있지만 난 그런 것에 의존하는 걸 좋아하지 않는다. 성향에 따라 다른 것은 인정한다. 하지만 사람을 그런 식으로 나누는 것에 대해 거부감이 느껴지기 때문이다. 제일 황당한 것은 혈액형에 따른 구분이다. 사람들은 아무 근거가 없다는 것이 밝혀졌는데도 기를 쓰고 혈액과 자기 성향을 맞추기 위해 애를 쓴다.

사람은 누구나 나름의 편견, 선입견, 분류 기준을 갖고 있다. 나도 그렇다. 하지만 이럴 때 조심할 게 있다. 사람 안에는 여러 가지 모습이 있다. 내향적인 사람도 외향적이 면이 있고 지적인 사람에게도 야성은 있게 마련이다. 이보다 중요한 것은 어떤 상황에 있느냐, 그 사람의 성장 과정이 어떠냐가 중요한 것은 아닐까? 분류를 안 할 수는 없다. 근데 분류와 동시에 해야 할 것이 바로 통합이다. 전체적으로 바라보는 것이다. 미분을 하는 동시에 적분을 해야 한다. 물론 순서는 미분이 먼저이고 적분이 나중이다. 미분만 하고 적분을 하지 않으면 부분만을 볼 수 있고, 적분만 하고 미분을 하지 않으면 디테일을 놓칠 수 있다. 미분을 하면서 동시에 적분을 하는 것, 이게 세상을 좀 더 정확하게 볼 수 있는 것 아닐까? 근데 이런 통합적 시각을 갖기 위해서는 삶의 여유가 있어야 한다. 나뿐 아니라 다른 사람을 객관적으로 볼 수 있어야 한다. 또 다른 내가 지금의 나를 쿨~한 시선으로 바라볼 수 있어야 한다.

내가 없어도 세상은 돌아간다

대기업에서 도장부장으로 근무할 때의 일이다. 주야 2교대로 일을 하는데 이상하게 주간보다는 관리자가 없는 야간의 성과가 좋았다. 생산량이 많고 불량은 적고 무엇보다 고장 등으로 인한 정지시간이 적었다. 하루 이틀 일이 아니다. 그러다 관리자들이 출근하면 기다렸다는 듯이 라인에 문제가 생겼다. 왜 그럴까? 난 늘 그게 의문이었다. 그러다 상사인 이사님께 얘기했더니 이렇게 말씀하셨다. "한 박사도 그런 생각을 했어? 나도 늘 그런 생각을 했어. 아마 현장 사람들이 관리자가 없으니까 자기들끼리 힘을 합쳐 열심히 일해서 그럴 거야." 한 번은 공장 전체 회식이 있어 공장의 총책임자인 전무님께 그런 의견을 얘기했더니 그분은 손으로 입을 막았다. 어디 가서 그런 얘기하지 말라는 것이다. 밥줄이 끊긴다는 것이다.

모 기업 MBA 과정에서 독서 토론을 진행한 적이 있다. 책을 읽고 거기에 관해 토론을 이끌어내고 진행하는 것이 내 임무이다. 6개월간 현업에서 빠져 공부만 하는 것이다. 골치 아픈 현업을 잊고 경영학 관련 수업을 받으니 힘은 들지만 새로운 느낌이라 좋단다. 분위기 파악을 위해 몇 가지 질문을 던졌다. 소감을 물었더니 이런 답변이 나왔다. "현업을 떠나 수업을 들으니까 아주 좋아요. 힘든 일에서 풀려났다는 것이 그렇게 홀가분할 수 없어요. 근데 조금 섭섭한 것이 있어요. 완전히 일에서 제외된 기분입니다. 처음 일주일간은 일 때문에 가끔 전화가 오더니 금주 들어 완전 전화도 끊기고 이메일도 없습니다. 내가 없으면 조직에 문제가 생길 줄 알았는데 내가 없어도 조직은 잘 돌아가는 것 같습니다."

나는 누구인가? 나는 어떤 존재인가? 가정에서는, 조직에서는, 친구들 사이에서는? 만약 내가 없다면 가정에 혹은 조직에 어떤 일이 벌어질까? 사람은 자신의 존재를 확인하고 싶어한다. 존재감을 높이고 싶어한다. 꼭 필요한 존재가 되고 싶어한다. 가정에서도 그렇고 조직에서도 그렇고 친구들 사이에서도 그렇다. 그럼에도 불구하고 확실한 진리가 하나 있다. 세상에 영원히 꼭 필요한 사람이란 존재하지 않는다는 사실이다. 내가 없어도 세상은 돌아간다는 사실이다. 아니, 없어져주는 것이 도움되는 사람도 있을 수 있다. 근데 직급이 높은 사람 중 "나 아니면 이 조직은 쓰러진다."라고 착각하는 사람들이 있다. 뭐가 그렇게 바쁜지 일과 시간 이후에 회의시간을 잡는 사람들이 그렇다. 자기 시간만 중요하고 남의 시간은 중요하지 않다고 생각하는 교만이다. 낄 곳 끼지 않을 곳 가리지 않고 온갖 참견을 다하는 사람도 비슷한 부류이다. 그런 조직은 그 사람의 결정 없이는 메뉴 하나도 제대로 정할 수 없다. 다른 사람은 절대 믿을 수 없다는 오만이다.

최악의 리더는 두려움으로 부하를 지배하려 한다. 그의 말을 듣지 않으면 뭔가 문제가 생길 것이란 암시를 한다. 그런 조직은 리더가 있을 때만 최선을 다한다. 아니, 최선을 다하는 모습으로 보이려 노력한다. 리더가 해외출장이라도 가게 되면 그 조직은 휴일모드로 변한다. 최고의 리더는 리더가 있다는 사실을 부하들이 인지하지 못하게 한다. 직원들은 리더가 있으나 없으나 상관없이 일에 몰입한다. 존재감이 없어 보이지만 사실은 가장 존재감이 큰 것이다. 존재감을 드러내려 한다는 것은 그만큼 그에게 부족한 게 많다는 방증이다. 실제 존재감이 큰 사람은 굳이 존재감을 드러낼 필요성을 느끼지 못한다.

이 세상에 영원한 것은 없다. 인간은 언젠가는 죽기 때문이다. 이 세상의 비극은 영원하지 않는 것을 영원한 것으로 착각하기 때문에 벌어진다. 만나면 헤어지는 것이 당연하다. 회사에 들어온다는 것은 언젠가는 나간다는 의미이다. 그렇기 때문에 무슨 일을 시작하든 늘 끝을 염두에 두고 살아야 한다. 아니, 끝나는 지점을 생각해야 일을 더 잘할 수 있다. 하나님이 안식년을 만든 이유도 따지고 보면 "네가 없어도 세상은 돌아가니까 좀 쉬라는 것이다."이다. 교만에 대한 경종이다. 당신이 없어도 세상은 돌아간다. 그 사실을 당신만 모르고 있다.

드러내면 사라진다

난 정치인을 별로 좋아하지 않는다. 늘 대접을 받으려 하고, 스포트라이트를 받으려 하고, 뭔가 말을 해도 믿기가 어렵기 때문이다. 솔직하지 않다는 것이 가장 큰 이유이다. 그러다 어느 정치인을 만났는데 그는 달랐다. 무슨 얘기 끝에 그가 이렇게 말했다. "전 솔직히 다른 욕심은 없는데 명예욕이 강합니다. 어린 시절부터 그랬습니다. 제가 정치를 하는 이유도 바로 그런 명예욕 때문입니다. 저 좀 도와주세요." 그 순간 확 그 사람에게 끌렸다. 자신에게 그런 욕구가 있다는 것을 그렇게 솔직하게 얘기하는 사람을 처음 봤기 때문이다.

그동안 내가 본 정치인들은 대부분 자신은 정말 정치에 뜻이 없고 국회의원을 하고 싶지 않은데 하도 많은 국민이 원해서 나왔다고 말했다. 무슨 일이 있을 때마다 국민을 팔았다. 난 정말 묻고 싶었다. 당신이 말하는 국민은 누구인지? 혹시 자신을 두고 국민이라고 하는 건 아닌지? 대부분은 자기 욕구를 국민의 이름으로 포장한 것이다. 나도 알고 너도 알고 하늘이 알고 있는 사실이다. 그러니 거부감이 드는 것이다.

걸핏하면 신神을 파는 사람도 비슷한 케이스다. 무슨 일이 있을 때마다 "신의 뜻이다."라고 말하는 사람이 있다. 신이 응답했기 때문에 자신은 그 일을 할 수밖에 없다고 말한다. 그때마다 난 그에게 묻고 싶은 충동을 느낀다. "정말 그 신을 보았는지, 자신이 하고 싶은 얘기를 신을 빌려 얘기하는 것은 아닌지, 혹시 그 신이 자신을 말하는 건 아닌지?" 자신을 인간이 아닌 신과 같은 위치에 놓는 것은 대단한 폭력이다. 다른 사람과 똑같은 인간이 신의 행세를 하면서 엄숙하고 경건하게 입을 한일자로 굳게 다물고 말하면 더 이상 어떻게 해볼 도리가 없다. 신이 자기 기도에 응했다고 하면서 밀어붙이면 정말 대책이 없다. 협상 불가능이다. 높은 사람이 직책에 더해 신까지 팔게 되면 아랫사람들은 더 이상 할 일이 없어진다. 망하는 결정인 줄 뻔히 알면서도 상사가 말하는 신의 뜻에 따를 수밖에 없다.

자신의 욕구를 국민이나 신의 이름으로 파는 이유는 무엇일까? 그것이 통한다고 생각하기 때문이다. 자신의 속내를 드러내지 않으면 상대는 모를 것으로 생각하기 때문이다. 근데 과연 그럴까? 그렇지 않다. 사랑과 미움을 숨길 수 있다고 생각하는가? 속으론 저 사람을 미워하지만 겉으론 사랑하는 척하면 상대가 그 사실을 모른다고 생각하는가? 그렇지 않다. 한두 사람 속을 수는 있다. 하루 이틀은 속아 넘어갈 수 있다. 하지만 많은 사람을 오랫동안 속이는 것은 절대 불가능하다. 난 대부분 사람들이 그 정도 눈치는 있다고 생각한다. 그럼 방법은 한 가지뿐이다. 자신이 어떤 사람인지를 그대로 드러내는 것이다. 솔직하게 인정할 건 인정하고 받아들일 건 받아들이는 것이다.

특히 리더가 되려는 사람은 솔직할 필요가 있다. 솔직함은 최고의 무기가 될 수 있다. 다른 것보다 자기 약점에 솔직할 수 있어야 한다. 그 정도 위치에 오른 사람들은 똑똑한 사람들이다. 그 사람이 똑똑하다는 건 천하가 다 알고 있다. 그런 사람들이 똑똑한 사실을 드러내고 자신의 약점을 숨기면서 사람을 무시하는 것은 최악이다. 자기 무덤을 자기가 파는 격이다. 강자는 약점을 드러낼 때 더 강해질 수 있다. 사람들의 인정을 받을 수 있다. 저 사람에게도 저런 약점이 있구나 하면서 사람들의 공감을 살 수도 있다.

대통령은 최고의 자리이다. 지존이다. 강하고 똑똑한 사람이다. 매일 엄숙하게 국민들 상대로 훈계하는 것은 지루하다. 별로 호소력이 없다. 난 대신 약점을 드러내길 권한다. 만약 대통령이 "제가 좀 까칠하잖아요? 태생적으로 그런 면이 있어요. 또 성장 과정에서 일도 많이 겪다 보니 더 까칠해졌답니다. 마음에 안 드는 사람을 보면 나도 모르게 레이저를 쏜답니다. 그래서 스태프들이 많이 힘들어해요. 근데 어쩌겠어요? 호호."라고 말한다면 어떤 일이 벌어질까? 지지율이 엄청나게 올라갈 것이다. 그게 솔직함의 힘이다.

  열등감을 없애는 최선의 방법을 알고 있는가? 바로 드러내는 것이다. 드러내면 사라진다. 반대로 열등감을 평생 갖고 사는 방법은 이를 감추기 위해 애를 쓰는 것이다. 뭔가 잘못을 했는가? 바로 사과하면 된다. 인정할 건 인정하고 받아들일 건 받아들이면 된다. 이미 드러난 악재는 더 이상 악재가 아니다. 근데 중요한 사실 한 가지. 아무나 솔직할 수는 없다는 사실이다. 강한 자만이 솔직할 수 있다. 약점을 드러내기 위해서는 강해야 한다. 멘탈이 강해야 한다. 강한 사람만이 약점을 드러낼 것이다. 당신은 어떤가? 솔직하지 못한가? 아직 약하다는 방증이다. 더 강해져야 한다. 솔직하면 강해질 수 있고 강해지면 솔직해질 수 있다.

거꾸로 생각하라

초등학교 다닐 때 3부제 수업까지 받은 적이 있다. 애들은 많은데 교실이 제한적이라 일어난 일이다. 교실 하면 콩나물이 자동으로 연상됐다. 어딜 가나 애들이 바글바글했다. "지금처럼 낳다간 거지 신세 못 면한다!" 같은 원색적인 슬로건이 난무했다. 조금 지나면서 "아들딸 구별 말고 둘만 낳아 잘 기르자!"로 변형됐다. 하여간 애를 많이 낳는 건 무식하고 지구를 파괴하는 행동이란 인상을 주었다. 그러던 것이 어느 날 갑자기 애를 낳지 않는다고 국가적으로 수선을 떤다.

우리 선조는 뭔가 목적성을 갖고 애를 많이 낳았을까? 애를 많이 낳으면 국가에 이바지하고 애들이 노후에 큰 재산이 될 것을 염두에 두고 그랬을까? 그런 면이 없진 않겠지만 그냥 낳았을 가능성이 높다. 피임 방법도 마땅치 않고 생기니까 낳았을 것이다. 혼자 그런 생각을 해본다. 만약 그때 국가가 애 낳는 걸 장려했다면 더 낳았을까? 여러분, 애 다섯으론 충분치 않습니다. 열은 낳아야 합니다. 한 명 낳을 때마다 100만 원씩

주고 대학까지 등록금을 지급할 테니 여력이 되는 대로 낳으라고 말하면 애를 더 낳을까? 별 소용이 없을 거란 생각이다.

저출산 문제가 국가적 아젠다가 된 지 제법 되었다. 난 몇 가지 의문이 생긴다. 저출산 문제가 과연 문제일까? 반대로 아프리카처럼 한 사람이 애를 열 명씩 낳는다면 정부가 뛸 듯이 기뻐할까? 몇 명이나 낳아야 좋아할까? 과연 애를 많이 낳는 게 국가적으로 혹은 지구에 도움이 될까? 지구의 지속가능을 위한 적정인구는 얼마나 될까? 지금도 지구에는 너무 많은 인구가 살고 있다. 지속가능을 위해서는 가능한 한 적게 낳아야 한다. 그런 면에서 저출산 문제는 문제가 아닐 수 있다. 문제의 핵심은 균형일 수 있다. 잘사는 선진국은 애를 낳지 않고 먹고 살기 어려운 아프리카의 후진국은 너무 열성적으로 애를 낳는다는 것이다.

『인구 쇼크』의 저자 앨런 와이즈먼은 거기에 대해 통찰력 있는 얘기를 한다. "오르지 않는 출산율보다 더 큰 문제는 그런 쓸데없는 곳에 엄청난 예산을 쓰고 있다는 점이다. 모든 정책은 실패할 것이다. 출산율이 오를 수 있다는 기대를 버려야 한다. 출산율 저하의 핵심은 사회구조 변화이다. 농업시대에 자녀는 노동력이자 자산이다. 소득을 창출하기 때문에 많을수록 좋았다. 자식은 가장 좋은 노후 대비 수단이었다. 더 이상 아니다. 자녀는 생산도구가 아니라 소비 대상이다. 비용은 많이 들고 돌아오는 것은 적다. 자녀를 적게 낳고 싶은 것은 사람의 본능이자 이성적 판단이다. 예전엔 피라미드 모양이었다. 미래는 모든 연령의 숫자가 비슷한 직사각형이 될 것이다. 고령자들이 오래 일하는 구조로 가야 한다. 출산율은 계속 하락할 것이다."

난 앨런 와이즈먼의 의견에 동의한다. 애를 싫어하는 사람은 없다. 대가 끊기는 걸 반기는 사람도 많지 않다. 그럼에도 불구하고 지금 애를 낳지 않는 건 철저하게 개인의 선택이다. 그럴 수밖에 없는 상황이기 때문이다. 일단 결혼을 하지 않는다. 결혼을 못하는 사람도 많다. 모든 게 비용 때문이다. 직장이 마땅치 않아 자기 한 몸도 먹고살기 어려운데 어떻게 결혼을 하겠는가? 어렵게 결혼을 했다 해도 둘이 벌어 간신히 사는데 어떻게 애를 낳겠는가? 노후를 생각해 하나는 낳아도 어떻게 둘을 낳겠는가? 지금 애를 낳지 않는 건 철저하게 경제적 문제이고 그에 따른 개인의 선택이다.

난 결혼 문제와 출산 문제는 나아지지 않을 걸로 생각한다. 아니, 이걸 문제라고 생각하는 게 더 문제일 수 있다고 생각한다. 애를 낳지 않아 좋은 점도 있을 것이다. 오히려 사실을 사실대로 받아들여야 하고 혼자 살아도 별 지장이 없게끔 사회구조를 바꿔야 한다. 개인도 생각을 바꿔야 한다. 결혼하는 것만큼이나 결혼하지 않는 것도 당연하게 생각해야 한다. 혼자 살아도 별 어려움 없게끔 해야 한다. 결혼하지 않고 애 낳지 않는 것도 개인의 선택이란 사실을 존중해야 한다. 개인의 선택에 대해 쓸데없는 소리를 하지 말아야 한다. 결혼한 사람은 결혼한 대로 잘살면 되고 싱글들은 나름 삶을 즐기면 된다. 자기와 다른 삶을 선택한 것에 대해 이러쿵저러쿵 쓸데없는 소리를 하지 말아야 한다. 다만 일정 세월이 흐른 후 국가는 바꿔야 할 것 같다. 동해물과 백두산이 마르고 닳도록 대한사람 대한으로 길이 보전하는 게 쉽지 않아 보이기 때문이다. 인구 문제에 대한 여러분의 생각은 어떠한가?

건강의 역설

부자동네에 사는 지인은 하루를 단지 안에 있는 헬스장에서 운동하는 것으로 시작한다. 운동이 끝난 후 샤워를 하면서 부자들의 몸을 관찰하다가 공통점을 발견했다고 한다. 팔다리는 가늘고 배는 나왔다는 것이다. 대부분 집 앞에서 운전기사가 모는 차를 타고 회사까지 가고 어디를 가도 늘 차를 타다 보니 절대 운동시간이 부족해 일어난 결과이다. 그는 앞으로 사람들의 몸이 영화 「ET」에 나오는 외계인처럼 변할 것이라는 농담을 했다. 몸은 쓰지 않고 머리만 쓰니까 몸은 빈약해지고 머리만 커질 것이란 것이다. 나도 그 의견에 동의한다. 고급 골프장에 가끔 가면 라운딩이 끝난 후 사우나에서 많은 사람을 보게 된다. 대부분 잘사는 사람들이다. 근데 몸 상태는 좋지 않다. 근육질의 다듬어진 몸은 거의 볼 수 없고 대부분 배가 나온 비만이다. 이 역시 문명이 주는 편안함 때문에 운동하지 못해 일어난 결과일 것이다.

그러다 최근 끝내주는 몸을 가진 임원 한 사람을 만났다.

대기업 임원인데 처음 만나 깜짝 놀랐다. 탤런트처럼 잘생긴 데다 얼굴에서 빛이 났다. 키도 크고 몸도 날씬하고 무엇보다 그렇게 사람이 상냥할 수가 없었다. 그는 매우 반갑다면서 이렇게 얘기했다. "전 세리CEO의 열성 팬입니다. 아침마다 두세 편을 보고 하루를 시작합니다. 처음에 한 박사님 이름을 듣고 어디선가 들어봤다고 생각했지만 이유를 몰랐지요. 그러다 어제 북리뷰 코너에서 봤다는 생각이 났습니다. 이렇게 코칭을 받게 되어 기쁩니다."라고 했다. 우연히 운동 얘기가 나와 서로의 일상을 물어보다 난 충격을 받았다. 하루에 보통 2~3만 보를 걷는다는 것이다.

내가 "바쁜 임원이 어떻게 그게 가능하냐?"고 물어보자 이렇게 답했다. "제가 집은 반포이고 회사는 우면동입니다. 전 새벽에 일어난 맨손체조를 하고 집을 나와 한강을 한 바퀴 돕니다. 뛰면서 틈틈이 턱걸이도 하고 근육운동도 합니다. 동작역에서 4호선을 타고 선바위역까지 간 다음 내려 회사까지 걸어갑니다. 50분쯤 걸립니다. 회사 일을 마친 후 다시 선바위역까지 걸어와 전철을 타고 동작역에 내립니다. 집에 가기 전 다시 한강을 한 바퀴 뜁니다." 왜 그렇게 무리해서 운동하느냐는 질문에 "원래 운동을 좋아합니다. 철인경기도 몇 번 나갔습니다. 근데 회사생활을 하면서 운동을 못 했지요. 어느 날 철봉이 보여 턱걸이를 하려는데 하나도 못하겠더군요. 충격을 받았지요. 제가 턱걸이를 아주 잘했거든요. 그날부터 다시 운동을 시작했지요. 10년이 넘어가는 것 같네요." 나도 나름 『몸이 먼저다』란 책을 썼고 일주일에 적어도 세 번은 운동을 한다. 그런데 그 임원 앞에서는 운동의 운자도 꺼내지 못했다. 속된 말로 깨갱 하고 그의 말을 경청해야 했다. 그를 보면서 참 건강한 사람이란 생각을 했다.

누구나 건강을 원한다. 건강하게 살다 건강하게 죽기를 바란다. 하지만 건강을 원하는 것과 실제 건강한 삶과는 거리가 멀다. 많은 사람이 건강 얘기를 많이 하지만 삶 자체는 건강하지 않다. 건강에 가장 해로운 것이 무엇인지 알고 있는가? 건강에 대해 지나치게 걱정하는 것이다. 이게 건강의 역설이다. 주변에 그런 사람들이 제법 있다. 이들은 건강에 대해 염려하는 걸로 자신의 건강을 지킨다고 생각하는 것 같다. 본인 스스로 건강하지 못한 생활을 하기 때문에 말로 푸는 것 같다. 난 지나치게 건강 얘기를 하는 사람을 볼 때마다 시험공부 안 한 애들이 시험 걱정을 많이 하는 게 생각난다. 시험을 잘 보는 최선의 방법은 시험공부를 하는 것이고 건강을 지키는 최선의 방법은 건강한 생활을 하는 것이다. 자신의 일상을 바꾸는 것이다.

결혼의 역설

한 여자를 만났다. 그 여자가 아주 마음에 든다. 그 여자에게 잘 보이려고 엄청나게 애를 쓴다. 소개팅이 끝날 즈음 그녀에게 사랑을 고백하고 입을 맞추려 한다. 어떤 일이 벌어질까? 귀싸대기를 맞거나 미친 사람 취급을 받을 가능성이 높다. 내 사랑은 진심인데 왜 이런 일이 일어날까? 나름 최선을 다했지만 그 사랑이 결실을 보기는 어려울 것 같다.

나이에 밀려 소개팅을 시작했다. 몇 번 하고 났더니 다 그만그만했다. 거절하는 것도 싫어 화장도 하지 않고 머리도 질끈 묶고 집에서 입던 차림으로 소개팅 자리에 나갔다. 역시 기대할 것이 전혀 없는 상대가 나왔다. 건성으로 답하고 질문도 하지 않고 그야말로 쿨~하게 앉아 있다가 집에 왔다. 근데 그쪽에서는 난리가 났다. 아주 마음에 든다는 것이다. 뭐가 마음에 들었는지 알아봤더니 자연스러운 모습이 좋았다는 것이다. 상대를 거절하려고 아무렇게나 하고 갔는데 그게 마음에 들었다는 것이다. 참 세상 일은 알다가도 모를 일이다.

혼자 사는 사람들이 늘고 있다. 장수와 비혼이 핵심 이유 중 하나이다. 나이 든 남자 여자가 결혼하지 않는 것이다. 경제적인 이유가 크지만 난 개인적으로 수요와 공급이 맞지 않기 때문이라고 생각한다. 괜찮은 여성들은 급속히 늘어가지만 거기에 맞는 남성의 숫자는 제한적이기 때문이다. 주변을 보면 괜찮은 노처녀는 차고도 넘친다. 하지만 괜찮은 남성은 별로 눈에 띄지 않는다. 괜찮다 싶은 남성은 조기품절이다. 아예 씨가 말랐다. 여성은 아무리 급해도 자기보다 못한 남성과는 결혼하지 않는다. 그게 여성의 본성이다.

또 다른 이유는 선택의 폭이 너무 넓어졌기 때문이다. 예전에는 제한이 많았다. 신분의 제한, 공간의 제한, 나이의 제한이 있었다. 당연히 자신의 배우자감은 한정됐다. 다른 동네에 대한 정보도 없었다. 별 기대를 하지 않고 대충 그 안에서 배우자를 찾아 결혼하고 살았다. 지금은 모든 제한이 사라졌다. 두 사람이 눈만 맞으면 나이, 신분, 직업, 국적 모든 것을 극복하고 결혼할 수 있다. 국제결혼이 늘어난 것도 선택의 폭이 넓어졌다는 방증이다.

근데 그 얘기는 뒤집어 생각하면 결혼하기가 더 어려워졌다는 것이다. 일단 눈이 엄청나게 높아졌다. 외모는 송중기에게 맞혀져 있다. 그 정도는 되어야 한다. 능력은 드라마에 나오는 재벌 2세 실장 정도이다. 성격은 유재석이다. 겉으로는 기준이 낮다고 하지만 다들 거기에 익숙해진 눈을 갖고 있다. 일단 그런 조건을 만족시킬 남자는 세상에 없다. 존재하지 않는 사람을 배우자감으로 생각하고 있으니 결혼이 쉽지 않다. 설혹 그런 사람이 있어도 그 사람이 나를 좋아할 확률은 0에 가깝다. 이래저래 노처녀가 늘어날 수밖에 없다.

얼마 남지 않은 괜찮은 남자들 입장도 그렇다. 「신사의 품격」이란 드라마를 보면 대부분 30대 후반인데 다들 결혼에 대해 의지가 없다. 시장이 좋아졌고 물이 좋아졌고 자신과 같이 괜찮은 남자는 상한가를 기록 중이다. 만나는 여자마다 자신이 좋다고 하는데 굳이 결혼할 이유가 없다. 한 사람과 결혼한다는 것은 다른 사람과는 사귈 수 없다는 것을 의미한다. 구태여 자기 무덤을 팔 필요가 없다고 생각하는 것이다. 이래저래 결혼은 매력적인 선택이 아닌 것이다.

사람은 청개구리 같은 본능을 갖고 있다. 뭔가 하고 싶다가도 남들이 하라고 하면 하고 싶지 않아진다. 사랑도 그렇다. 그렇지 않아도 사랑해서 결혼하려고 했는데 사랑하라고 강요하면 사랑하고 싶지 않은 것이다. 그렇기 때문에 젊은 두 남녀를 사랑에 빠뜨리는 최선의 방법은 그 사랑을 금지시키는 것이다. 그럼 그때부터 두 남녀는 뜨겁게 사랑을 시작할 것이다.

뭐든 자연스러운 것이 좋다. 사랑이 그렇다. 사랑은 자연스럽게 일어난다. 노력해서 사랑하는 것은 아니다. 그녀를 사랑하기 때문에 결혼하는 것이다. 애국 차원에서 그녀를 사랑하는 것은 아니다. 애를 낳는 것도 국가와 사회를 위해 낳는 것이 아니다. 밥을 먹고 숨을 쉬는 것처럼 자연스러운 일이다.

　사회적으로 결혼하지 않는 것이 큰 문제가 되고 있다는 건 알겠다. 결혼하지 않으니 애를 낳지 않고 그건 국가의 미래에 부담될 수 있기 때문이다. 하지만 요즘 펴는 정책들을 보면 뭔가 억지스럽다. 마치 장려금을 주면서 결혼을 유도하는 것 같아 마음이 불편하다. 결혼 생각이 없던 사람이, 애를 낳지 않으려는 사람이 그런 정책이나 장려금 때문에 결혼을 결심하고 애를 낳을 것 같지는 않다. 헛돈 쓰는 것 같다는 생각을 지울 수 없다. 사랑, 결혼, 출산 같은 문제는 개인의 선택으로 놔두면 어떨까 싶다.

금지를 금지하라

처음 해외에 가서 가장 놀란 것 중 하나는 성性에 대한 인식의 차이이다. 처음 미국에 가서 그걸 느꼈다. 먼저 간 유학생 중 한 명이 나를 포르노 극장에 데리고 갔다. 당시는 그게 관광코스처럼 되어 있었다. 그렇게 노골적인 영화는 난생처음 봤다. 하여간 처음부터 끝까지 아무 스토리 없이 동물처럼 관계만을 했다. 처음엔 약간의 호기심이 일었지만 어느새 졸고 있는 나 자신을 발견했다. 아무 감흥이 없었고 지루했다. 거기 오는 사람들도 정상적이지 않았다.

여성들이 옷을 벗으며 춤을 추는 곳에도 데리고 갔다. 남성들이 몰려 앉아 여성의 속옷에 돈을 꽂아주고 맥주를 마시는 곳이다. 이곳 역시 한두 번 간 후에는 다시는 가지 않는다. 일본에 갔다 온 친구들은 입에 침을 튀기며 자신이 본 라이브쇼 얘기를 했다. 궁금해진 친구들 역시 다음에 일본에 가면 꼭 그 쇼를 보고 왔다. 근데 이 역시 한두 번에 그쳤다. 나중에는 아예 그런 곳에 가자고 하면 거절했다. 난 이런 곳에 한두 번 왔다 가면서 늘 속으로 '별것도 없는데 왜 우리나라에서는 그걸 그렇게 금지하는 걸까?' 하는 생각을 했다.

그동안 참으로 하지 말라는 얘기를 많이도 듣고 살았다. 그야말로 할 수 있는 게 별로 없어 보였다. 듣는 것만으로도 숨이 막혔다. 그런 얘길 들을 때마다 '그런다고 사람들이 하지 않을까?'란 의심을 품었다. '오히려 더 하지 않을까?'란 생각도 들었다. 그러다 개그맨 전유성이 쓴 책 『하지 말라는 것은 다 재미있다』의 제목을 듣고 격하게 공감했다. 맞다. 하지 말라고 하는 것은 다 재미있다. 재미없는 것도 금지하는 순간 재미있는 것으로 변하는 법이다.

인간은 묘한 존재이다. 하라고 하는 것도 아니고 하지 말라고 얘기한다고 안 하는 게 아니다. 그렇기 때문에 함부로 금지하면 역효과가 난다. 오히려 네 맘대로 하라고 풀어놓으면 시시해질 수 있다. 김정운 교수는 책 『때론 격하게 외로워야 한다』에서 이에 대해 멋진 얘기를 했다. "금지할수록 욕망한다. 금지를 금지하라. 금지를 이겨낸 결혼일수록 이혼율이 높다. 더 이상 금지된 사랑이 아니기 때문이다. 개인뿐 아니라 문화도 그렇다. 금지의 나라일수록 하위문화가 강력하고 화끈하다. 그래서 독일과 일본의 하드코어가 그토록 강렬한 것이다. 진짜 심각한 문제는 금지가 반복되고 지속될 때 생긴다.

처음에는 심리적으로 저항하고 분노하던 사람들이 어느 순간 금지에 익숙해지기 시작한다. 나중에는 외적 금지가 없어도 스스로 금지하고 체념하는 학습된 무기력에 빠진다. 금지를 내면화하고 체념하는 것처럼 무서운 질병은 세상에 없다. 그래서 모든 종류의 금지에 대해 고민해야 한다. 금지에 대한 사회적 성찰을 해야 한다. 성숙한 사회란 온갖 종류의 금지에 대한 사회적 담론의 유무로 결정된다. 조용하고 안정되었다고 좋은 사회가 아니다. 일본이 안타까운 이유는 금지에 대한 어떤 저항도 불가능한 사회이기 때문이다."

한국에는 정말 하지 말라는 법이 많다. 대표적인 것이 바로 성매매 반대법이다. 섹스를 팔지도 말고 사지도 말라는 것이다. 파는 사람도 사는 사람도 범죄자가 되는 것이다. 여러분은 이 법에 대해 어떻게 생각하는가? 이런 법을 만든다고 이 법을 지킬까? 오히려 가격만 상승시키고 은밀해질 뿐이다. 옳고 그름을 떠나 그 법이 전혀 효과성이 없다는 건 이미 오래전에 증명되었다. 오히려 법을 어기는 사람만을 대량으로 만들어냈다. 금지를 금지해야 하는 이유이다.

무언가를 반대한다고 그 문제가 해결되는 것은 아니다. 반전운동이 그렇다. 반전운동은 더 많은 전쟁을 일으킨다. 마약방지 운동도 그렇다. 원하는 것보다 원하지 않는 것에 집중하기 때문이다. 테레사 수녀는 그런 사실을 깨달은 사람이다. "나는 반전집회에 절대 참여하지 않을 것이다. 평화집회를 한다면 초대해주세요." 무언가를 반대하면 오히려 부작용이 생길 수 있다. 반기업 정서란 말이 그렇다. 이 말을 만든 언론은 반기업 정서를 확대시키기 위해 만들지는 않았을 것이다. 어떻게 해서든 기업에 우호적인 분위기를 만들기 위해 만들었을 것이다. 하지만 결과는 완전 반대로 반기업 정서가 생기고 늘어났다. 지옥으로 가는 길은 모두 선의로 포장되어 있는 것이다.

나를 죽여야 내가 산다

동네에 괜찮은 막국수 집이 있는데 요즘은 가지 않는다. 이유는 주인 얼굴을 보고 싶지 않기 때문이다. 그는 매우 권위적이다. 표정도 엄숙하고 경건하다. 늘 의자에 앉아 거만한 태도로 손님들을 바라본다. 손님이 많아 일손이 부족해도 웬만해서는 움직이지 않는다. 가끔 직원들과 싸우기도 하고 야단을 치기도 한다. 그는 과거에 한가락 했을 것 같다. 고위공무원을 했거나 뭔가 파워 있는 자리에 있었던 것 같다. 그의 얼굴을 보면 '내가 이런 곳에 있을 사람이 아니다. 뭔가 잘못되어 여기 있긴 하지만 내가 서빙 같은 것을 할 수는 없다.'라고 쓰여 있다. 하여간 그를 보면 마음이 불편하다.

수명이 길어지면서 가장 필요한 능력 중 하나는 변화하는 능력이다. 한 직장에서 한 가지 일만 하다 죽는 일은 더 이상 유효하지 않다. 직장 안에서도 여러 일을 해야 하고, 한 직장에 다니다 다른 직장을 가야 하기도 한다. 그럴 때 가장 중요한 능력은 바로 과거의 나를 죽이는 능력이다. 과거의 나를 죽이지 못하고 '내가 누군데'라는 표정으로 인상을 쓰고 있으면 아무도 그를 찾지 않을 것이다.

영화 「인턴」에서 주인공 로버트 드니로는 자신을 죽여 성공한 대표적인 케이스이다. 못 본 사람을 위해 간략히 내용을 정리해본다. 주인공은 전화번호부를 만드는 인쇄회사에서 40년간 일하다 부사장으로 은퇴한 로버트 드니로이다. 그는 경제적으론 별문제가 없지만 무료함을 견디지 못해 인터넷 쇼핑몰 회사에 취직해 젊은 사장 앤 해서웨이의 밑에서 인턴으로 일하게 된다. 6주간 예정으로 일하는데 처음에는 사장이 마땅치 않게 생각한다. 하지만 여러 도움을 주면서 상황이 달라진다. 젊은이들의 고민상담을 해주고, 사장의 운전수도 해주고, 그 집 딸 등교도 도와주고, 산더미처럼 쌓여 있던 쓰레기 정리도 해주면서 점점 회사의 필수요원으로 자리를 잡는다. 그는 나이는 들었지만 반듯하고 깍듯하게 모든 사람을 대한다. 진정으로 일이 무엇인지, 일을 어떻게 처리해야 하는지도 보여준다. 무엇보다 그는 과거의 자신을 죽이고 새롭게 태어난다. 과거 부사장인 사실을 잊고 충실한 운전사가 되기도 하고 젊은이를 위해 상담도 한다. 섣부른 잔소리는 하지 않는다. 절대 쉽지 않은 일이다.

우리는 흔히 다른 사람과 나를 비교한다. 다른 사람을 나의 경쟁자로 인식한다. 내 생각은 다르다. 나의 가장 큰 경쟁자는 과거의 나다. 나의 미래를 방해하는 최대 장애물도 과거의 나다. 과거의 성공이 발목을 잡을 수 있다. 이른 나이에 너무 출세했던 사람들이 특히 그러하다. '내가 과거에 이런 사람인데 이런 일을 할 수 있을까?' 하는 생각을 놓지 못하는 것이다. 나 역시 그러했다. 대기업 임원을 하다 작은 컨설팅 회사의 직원으로 일할 때 수시로 그런 생각이 들었다. 한 번도 안 해본 복사를 했고, 커피도 직접 타서 마셔야 했고, 내가 직접 자료를 만들어야 했다. 어떨 때는 그런 나 자신이 초라하게 느껴졌다. 하지만 과거의 나를 죽인 덕분에 새로운 일에서 성공할 수 있었다. 나를 드러낼수록 나는 죽는다. 내가 어떤 사람인지는 내가 얘기하지 않아도 다 안다. 내 얘기는 내가 아닌 다른 사람 입을 통해서 들어야 호소력이 있다. 내 입으로 그런 얘기를 한다는 사실은 나 자신이 별 볼 일 없는 존재가 되었다는 것을 고백하는 것 외엔 아무것도 아니다. 변화를 원하면 과거의 나는 깨끗이 잊는 게 좋다.

구본형 소장은 "자신의 과거와 경쟁하라. 다른 사람과의 경쟁은 언제나 우리를 불편하게 한다. 그러나 자신의 과거와 경쟁하는 것은 적을 만들지 않고 스스로 나아지는 방식이다. 승리하면 스스로 기뻐할 수 있고, 아무에게도 상처를 주지 않으며 모든 이의 찬사를 받을 수 있다. 가장 어려운 싸움은 자신과의 싸움이며 가장 가치 있는 진보는 자신의 어제보다 나아진 것이다. 적은 없고 추종자가 많아지는 승리처럼 운 좋은 성과는 없다."고 말했다.

자유의 역설

예전에는 미팅을 많이 했다. 내가 주선을 하기도 했고 친구들이 주선하는 자리에 쫓아가기도 했다. 선배들 강요에 의해 하기도 하고 티켓을 사주면서 덤으로 하기도 했다. 하지만 성공 확률은 낮았다. 참 파트너 복도 지지리 없었다. 저 여자만 아니면 좋겠다고 생각하면 꼭 그녀가 내 앞에 앉곤 했다. 그래서 호박 같은 여자가 걸리지 않기를 바라는 마음에 호박을 먹지 않기까지 했다.

근데 이상한 현상을 발견했다. 마음에 들지 않은 파트너 앞에서는 마음을 비우고 얘기를 해서 그런지 평상시보다 더 재미있게 말을 했다. 나도 모르게 말이 술술 잘 나오고 일도 잘 풀렸고 파트너는 그런 나를 더 마음에 들어 했다. 반대로 마음에 드는 파트너 앞에서는 말을 더듬고 말이 되지 않는 얘기를 해 경멸을 샀다. 내가 좋아하는 여자는 나를 싫어하고 내가 싫어하는 여자는 나를 마음에 들어 했다. 이레저레 연애가 쉽시 않았다. 그러다 괜찮은 여자를 만나면 또 다른 장애물이 있었다. 그녀의 부모님이다. 그녀 집에 전화해서 약속을 잡으려고 하면 꼭 부모님이 전화를 받아 내가 누군지를 꼬치꼬치 물었다. 그 상황이 참 싫었다. 그럼에도 불구하고 당시에는 연애도 잘하고 결혼도 일찌감치 했다.

지금은 아니다. 내 주변은 노처녀와 노총각으로 넘쳐난다. 결혼을 안 하고 늦게 하는 것은 차치하고 연애를 하지 않는다. 지난 몇 년간 연애를 하지 못했다는 사람도 숱하게 봤다. 이유를 물어보면 "연애를 하고 싶은데 만날 기회가 없다. 마음에 드는 사람이 없다."라고 하소연한다. 세상에 반이 남자이고 반이 여자인데 마음에 드는 사람이 없다니 도대체 그게 무슨 말인가? 난 그런 상황을 이해할 수 없었다. 스마트폰은 최고의 연애도구이다. 상대 번호만 알면 많은 걸 알 수 있다. 미리 들어가 상대 얼굴이나 신상도 알 수 있고 메시지를 보내 내 생각을 전할 수도 있다. 그런 도구가 없을 때도 남녀가 만나 연애하고 결혼하고 잘살았는데 왜 연애를 못하는 걸까? 연애 감정이 줄어든 것일까? 먹고사는 것이 힘들어 귀찮아진 것일까? 아니면 눈이 높아지면서 마음에 드는 사람의 숫자가 줄어든 것일까? 이유를 알 수 없었다.

그러다 강상중이 쓴 『고민하는 힘』이란 책을 보고 힌트를 얻었다. 저자의 말을 들어보자. "자유가 사랑을 황폐하게 만든다. 예전에는 결혼과 연애가 자유롭지 못했다. 전통, 집안, 격식, 신분, 처지 등 다양한 제약 속에서 자연스럽게 반려자가 결정되었다. 상대를 자유롭게 선택할 수 있는 상황이 아니었다. 그러나 제약이 있기 때문에 그것이 사랑인지 아닌지 깨닫기 쉬웠다. 예를 들어 자기의지와 반대되는 반려자를 무리하게 맞이하게 되면 거꾸로 정말로 자기가 끌리는 상대가 어떤 사람인지 알 수 있다. 자유가 주어지면 사람들은 판단의 기준을 잃고 어쩔 줄 몰라 한다. 자유는 이처럼 곤란함을 동반한다. 자유롭게 사랑해도 되자 사랑으로부터 점점 멀어지는 아이러니가 존재한다. 부자유스럽기 때문에 잘 볼 수 있는 것이 있다. 자유로워지면 잘 보이지 않는 것이 있다. 연애에만 해당하는 것이 아니다. 이것이 자유의 역설이다."

한 마디로 선택의 폭이 넓어진 것이 선택을 방해하고 그래서 결혼하기가 더 어려워졌다는 것이다. 선택의 폭이 넓어지는 건 좋은 일이다. 하지만 너무 선택의 폭이 넓으면 선택하기가 오히려 어려워진다. 당연한 일이다. 지금 사람 만나기가 어려운 것은 선택의 폭이 넓어졌기 때문이다. 신분과 전통이 사라진 지금 우리는 누구와도 결혼할 수 있다. 누구와도 결혼할 수 있다는 것은 누구와도 결혼하기 어렵다는 것을 의미한다. 그러다 보니 나름의 선택 기준을 만든다. 구체적인 조건을 달아서 제거하는 방식이다. 예전에는 3고가 기준이었다. 고수입, 고학력, 큰 키가 그것이다. 지금은 거기에 더해 직업, 나이, 생김새, 살고 있는 곳, 가족 구성원까지 포함된다. 모든 사람의 기준은 비슷비슷하다. 하지만 그런 스펙을 만족시키는 공급물

량은 제한적이다. 노처녀들이 그렇게 많다지만 노처녀들이 원하는 사람은 몇 명 존재하지 않는다. 또 그녀들을 만족시키는 남자가 그녀를 좋아할 확률 역시 높지 않다. 한 마디로 수요와 공급이 맞지 않는 것이다.

「쇼생크 탈출」이란 영화를 보면 오랫동안 감옥생활을 하던 사람이 석방 후 자살하는 장면이 나온다. 갑자기 생겨난 자유를 감당하지 못해 일어난 일이다. 평생 감방에서 자유를 꿈꿨지만 막상 무한대의 자유가 주어지자 괴로웠던 것이다. 자유를 꿈꾸지만 너무 많은 자유를 괴로워하는 것, 넓은 선택의 폭을 원하지만 너무 넓으면 선택하지 못하는 것. 이게 사람이다. 이게 인생이다.

외로움의 역설

아버지 돌아가신 지 10년이 넘어간다. 그 세월 어머님은 혼자 사신다. 장인 어르신 돌아가신 지도 10년이 넘는다. 장모님도 그 기간 혼자 사셨다. 어머님은 씩씩하고 사교적이지만 자주 외롭다는 표현을 하신다. 장모님은 표현은 안 하시지만 온몸에서 외로움이 묻어 나온다. 사별은 하지 않았지만 뭔가 맞지 않아 따로 사는 부부도 제법 있다. 젊은 사람은 젊은 사람대로, 나이 든 사람은 나이 든 사람대로 다들 외롭다고 한다. 날씨가 추워지면 옆구리가 시리다며 외로움을 호소한다. 난 그럴 때마다 몇 가지 의구심이 든다. 외로움의 문제를 남이 해결할 수 있을까? 왜 그런 문제를 다른 사람에게 호소하지? 외로운 어머님과 장모님이 함께 살면 문제가 해결될까? 두 분이 좋아하지 않을 것 같다.

외로움은 무엇일까? 내가 생각하는 외로움의 정의는 친밀감을 나눌 사람이 없는 것이다. 주변에 사람은 많지만 나와 통하는 사람이 없을 때 생겨나는 감정이다. 바쁠 때는 느끼지 못하다 일이 사라지고 시간이 날 때 확대되는 감정이다. 군중 속 고독이란 말이 그렇다. 사람들과 함께하지만 친밀감을 느낄 수 없기 때문에 그런 말이 나온 것이다. 그래도 일이 많아 바쁠 때는 외로움을 느끼지 못한다. 기러기 아빠들이 주중에는 괜찮다가 주말을 힘들어하는 것도 그 때문이다. 현직을 떠나 은퇴한 노인들이 은퇴 후 더 외로움을 느끼는 것도 일이 없기 때문이다. 외로움을 해결하는 것은 친밀감이다. 친밀감은 추위를 막아주는 외투와 같다. 친밀감이 없는 것은 추운 겨울에 홑저고리 차림으로 밖을 나가는 것과 같다. 당연히 감기에 걸린다. 친밀감이 없는 상태에서 오래 살면 우울증에 걸릴 가능성이 높다. 외로움을 줄이는 방법은 두 가지이다. 하나는 나만의 할 일을 준비하는 것과 친밀감을 나눌 사람을 준비하는 것이다. 둘 다 갑자기 되지 않고 시간을 필요로 한다.

결혼이 외로움을 해결하는 방법이 될 수 있을까? 결혼하면 외롭지 않을까? 그럴 수도 있지만 그렇지 않을 수도 있다. 사람들이 결혼하는 이유 중 하나는 외롭기 때문이다. 하지만 외롭다고 결혼을 해서는 안 된다. 결혼하면 오히려 더 외로울 수 있기 때문이다. "결혼은 외로워지는 가장 확실한 방법이다." 글로리아 스타이넘의 말이다. 외로움을 이기기 위해 결혼하는 사람은 프라이팬에서 나와 불 속으로 뛰어드는 것과 같다는 말도 있다. 세상 모든 것은 두 가지 측면을 갖고 있다. 인간의 속성도 그렇다. 혼자 있으면 외롭고 둘이 있으면 귀찮다. 이래도 문제고 저래도 문제다. 이래도 좋고 저래도 좋으려면 혼자 있어도 외롭지 않아야 하고 둘이 있어도 귀찮지 않아야 한다. 그렇게 외롭다는 어머님이지만 손님들이 와서 오랫동안 있으면 급격히 피곤해하신다. 혼자 있고 싶어하신다. 그게 인간이다. 인간은 태생적으로 외로운 존재이다. 혼자 와서 혼자 죽는다. 아무리 사랑해도 죽을 때 같이 죽을 수는 없다. 그렇기 때문에 외로움의 문제를 다른 사람을 만나는 것에서 해결하려 하면 안 된다. 혼자 스스로 해결해야 한다.

외로움은 친밀감을 공유할 사람이 있느냐의 문제이지 혼자 사느냐 함께 사느냐의 문제가 아니다. 혼자 산다고 외롭고 같이 산다고 외롭지 않은 것도 아니다. 혼자 사느냐, 여럿이 사느냐가 아니라 친밀감을 느끼는 사람이 있느냐가 중요하다. 사실 혼자 사는 것보다 자기와 맞지 않는 사람과 함께 사는 것이 훨씬 힘들고 외로운 일이다. 현대는 고독이 문제가 아니라 지나치게 연결되어 있다는 것이 문제이다.

인간은 사회적 동물이다. 혼자는 살 수 없는 존재란 말이다. 그렇다고 늘 사람들 속에서 부대끼며 살아야 한다는 말이 아니다. 인간은 사회적 동물인 동시에 혼자 있기를 좋아하는 동물이다. 아니, 혼자 있는 시간이 있어야 다른 사람과도 잘 지낼 수 있다. 혼자 있다 보면 외롭고 친밀감의 중요성을 깨달을 수 있다. 배우자를 떠나 보낸 노인들은 외롭다고 말하지만 대부분 혼자 사는 것을 선택한다. 가까운 친구들과 함께 사는 것을 원하지 않는다. 애인이 있는 독신노인조차 "따로 살면서 함께하는" 관계를 선호한다. 제한된 시간에만 만나고 나머지는 자유롭게 지내길 원한다. 그러고 보면 사람들이 말하는 외로움은 가짜 외로움일 가능성이 높다. 외롭다고 하소연하지만 사실 외로움을 즐기고 있을지도 모른다.

인생은 역설의 역설이다

초판 1쇄 인쇄 2023년 2월 14일
초판 1쇄 발행 2023년 2월 21일

지은이 한근태
펴낸이 안현주

기획 류재운 이지혜 **편집** 안선영 박다빈 **마케팅** 안현영
디자인 표지 최승협 본문 장덕종

펴낸곳 클라우드나인 **출판등록** 2013년 12월 12일(제2013-101호)
주소 우) 03993 서울시 마포구 월드컵북로 4길 82(동교동) 신흥빌딩 3층
전화 02-332-8939 **팩스** 02-6008-8938
이메일 c9book@naver.com

값 14,800원
ISBN 979-11-92966-04-5 03320

* 잘못 만들어진 책은 구입하신 곳에서 교환해드립니다.
* 이 책의 전부 또는 일부 내용을 재사용하려면 사전에 저작권자와 클라우드나인의 동의를 받아야 합니다.
* 클라우드나인에서는 독자여러분의 원고를 기다리고 있습니다.
  출간을 원하는 분은 원고를 bookmuseum@naver.com으로 보내주세요.
* 클라우드나인은 구름 중 가장 높은 구름인 9번 구름을 뜻합니다. 새들이 깃털로 하늘을 나는 것처럼 인간은 깃펜으로 쓴 글자에 의해 천상에 오를 것입니다.